Mein großes Buch der Namenspatrone

Mein großes Buch der Namenspatrone

zusammengestellt und herausgegeben
von Marilis Lunkenbein

illustriert von Karl Knospe

Pattloch Verlag

Pattloch Verlag, Augsburg
© Weltbild Verlag GmbH, 1995
Satz: 10/12 Antique Olive leicht von Cicero-Lasersatz GmbH, Augsburg
Gesamtherstellung: Westermann Druck Zwickau GmbH
Printed in Germany
ISBN 3-629-00074-6

Inhalt

Vorwort
Hallo Vanessa, Kevin, Jennifer 8

100 Namenspatrone
Wo finde ich wen? 9

Heilige und ihr Leben
Von Adelheid bis Wolfgang 11

Gut zu wissen!
Kleines Lexikon mit Fachausdrücken 124

Namensregister
Ich heiße und mein Patron ist 126

Ich heiße _____

Mein Namenspatron ist _____

Von meinem Namenspatron weiß ich _____

_____

_____

Meinen Namenstag feiere ich am _____

Mein Geburtstag ist am _____

Meine Eltern haben mir erzählt, warum sie mir meinen Namen gegeben haben:

_____

_____

_____

An meinem Namenspatron gefällt mir _____

_____

_____

_____

Der Patron meiner Kirchengemeinde ist _____

Gebet

Lieber Gott, du hast uns immer wieder Menschen geschenkt, die für uns ein Vorbild sind, Menschen mit Schwächen und Stärken. Hilf auch uns, wenn wir schwach sind oder versagen. Gib uns Mut und Kraft, Deinen Weg zu gehen, so wie ihn Deine Heiligen gegangen sind. Amen.

Dieses Buch gehört

Hallo
Vanessa, Kevin, Jennifer, Julian, Bianca und Marcel ...

... Jan und Sandra, Christian, Jasmin, Thorsten, Teresa, Dennis, Tanja, Sebastian, Mirjam und ihr anderen alle mit euren schönen neuen und alten Namen!

Früher hießen die meisten Kinder wie ihre Eltern, ihre Großeltern, ihre Paten. Sie haben die Namen und die Namenspatrone sozusagen von ihnen geerbt. Hieß der Vater Friedrich wurde der älteste Sohn häufig auch ein Friedrich oder zur Unterscheidung vom Vater Fritzi gerufen. Hieß die Oma Maria nannte man ihr zuliebe auch ein Enkelkind Mia oder Mariechen.

Heute ist das nicht mehr unbedingt so. Viele neue Namen sind in den letzten Jahren dazugekommen, aber auch alte Namen wurden wieder ausgegraben. Eltern entscheiden sich bei der Wahl des Namens häufiger nach dem Wohlklang als nach der Tradition. Erst später beginnt dann die Suche nach einem Vorbild, einem Namenspatron. Manchmal ist es gar nicht so einfach, für diese "modernen" Namen einen passenden Patron zu finden. Es gab, soweit es uns heute bekannt ist, beispielsweise keine Heiligen mit den Namen Vanessa oder Ilka. Was liegt da näher, als diesen Mädchen die Muttergottes, die größte aller Heiligen, als Vorbild zu empfehlen? Warum soll sich ein Jürgen nicht den Heiligen Georg, Laila die Heilige Elisabeth und Korinna die Cornelia als Namenspatron auswählen?

Unter den in diesem Buch vertretenen 100 Namenspatronen sind "alte" und "neue", "traditionelle" und "moderne". Alle hundert Vornamen, die in den letzten zwanzig Jahren am häufigsten gewählt wurden, habe ich berücksichtigt und zugeordnet.

Und wenn dein Name nicht dabei ist? Mein Tip: Vielleicht wählst du dir unter den hier beschriebenen Heiligen jemanden aus, der dir nahesteht? Das wäre doch eine gute Möglichkeit.

Marilis Lunkenbein

100 Namenspatrone

Adelheid 13	Felix 52	Markus 88
Albert 14	Florian 54	Martin 91
Alexander 15	Franz 55	Matthias 93
Andreas 16	Franziska 58	Maximilian 94
Angela 17	Friedrich 59	Mechthild 94
Anna 18	Gabriel 60	Melanie 96
Antonius 19	Georg 60	Michael 96
Barbara 20	Gerhard 62	Monika 98
Beate 21	Gerold 62	Natalie 99
Beatrix 21	Gertrud 63	Nikolaus 99
Benedikt 23	Heinrich 64	Oliver 102
Benjamin 25	Helena 65	Pascal 102
Bernhard 26	Holger 62	Patrick 104
Birgitta 28	Ingeborg 66	Petrus 105
Blanka 27	Ingrid 66	Philippus 107
Brigitta 28	Irene 67	Robert 108
Christian 30	Ivo 68	Rosa 109
Christine 31	Jakobus 68	Sabina 110
Christophorus 32	Joachim 69	Sarah 111
Cordula 34	Johanna 70	Sebastian 111
Cornelia 35	Johannes 72	Simon 112
Dagmar 35	Josef 74	Sophia 112
Daniel 36	Julia 76	Stephanus 113
David 38	Julian 76	Susanna 114
Dennis 39	Karl 77	Sven 114
Diana 39	Katharina 78	Tatiana 115
Dietmar 40	Kevin 79	Theodor 116
Dietrich 40	Laurentius 80	Theresia 116
Dominikus 42	Lukas 81	Thomas 118
Dorothea 43	Magdalena 82	Tobias 118
Edith 45	Manuel 83	Ulrich 119
Elisabeth 47	Manuela 83	Ursula 120
Erich 49	Marcel 84	Ute 121
Eva 50	Margareta 84	Verena 122
Fabian 51	Maria 86	Wolfgang 122

Heilige und ihr Leben

Adelheid

16. Dezember

Alice, Adele, Heidi, Heidelinde, Heidemarie, Heidrun

Die Heilige Kaiserin Adelheid ist eine der meist verehrten Frauen des Christentums. Sie war die Tochter des Burgunderkönigs Rudolf II. und wurde wahrscheinlich 931 geboren. Bereits mit sechs Jahren verlobten sie die Eltern mit Lothar, dem Königssohn von Italien. Zehn Jahre später fand die Hochzeit statt. Als junge Ehefrau am königlichen Hof kümmerte sich Adelheid nicht nur um ihre kleine Tochter Emma, sondern auch um die Armen. Sie wurde für viele christliche Ehefrauen zum leuchtenden Vorbild.

Doch das Glück an Lothars Seite dauerte nur drei Jahre. Adelheids Ehemann starb plötzlich aus unerklärlichen Ursachen. Die Gerüchte, der junge König sei vergiftet worden, wollten lange Zeit nicht verstummen, sind aber nie bewiesen worden. Lothars Nachfolger Berengar nahm der jungen Witwe die Krone und wollte sie zur Schwiegertochter. Adelheid weigerte sich, seinen Sohn Adalbert zu heiraten. Welches Unrecht hätte sie damit vor aller Welt gutgeheißen? Der neue König verfolgte sie daraufhin mit seinem unerbittlichen Haß, so daß Adelheid fliehen mußte, um zu überleben. Freunde brachten sie heimlich auf die Festung Canossa, zum deutschen König Otto I. Dieser kämpfte für Adelheid mit Berengar, besiegte ihn und gab Adelheid Reich und Krone zurück. Ein Jahr später, 951, heirateten Otto und die 20jährige Adelheid. 962 wurden sie in Rom von Papst Johannes XII. zu Kaiser und Kaiserin in Deutschland gekrönt. Das Kaiserpaar herrschte in Güte, Fürsorge und Nächstenliebe und wurde vom Volk geachtet und geliebt. Adelheid war eine strenge und liebevolle Mutter ihrer drei Kinder und erlebte an Ottos Seite 22 glückliche Ehejahre.

Nachdem Otto 973 gestorben war, begannen wieder schwere Zeiten für die Kaiserin. Es kam zum Streit zwischen ihrem Sohn Otto II. und seiner Ehefrau. Am schlimmsten aber trieb es der Enkel Otto III. mit der Großmutter. Da zog sich Adelheid zurück und widmete sich ganz dem christlichen Leben. In der Folgezeit gründete sie mehrere Klöster und unterstützte die Kirche mit großzügigen Schenkungen.

Ihre letzten Lebensjahre verbrachte Adelheid im Kloster Selz im Elsaß. Dort starb sie am 16. Dezember 999. Vom Volk wurde Adelheid schon zu Lebzeiten und gleich nach ihrem Tode als Heilige verehrt. Papst Urban nahm im Jahre 1097, fast hundert Jahre nach ihrem Tode, die offizielle Heiligsprechung vor.

Der Name Adelheid bedeutet: die edle Schöne.

Albert der Große

15. November
Albertus, Alberta, Albertina, Adalbert

Der Heilige Albert wurde um 1200 herum in Lauingen an der Donau geboren. Er stammt aus einem alten Rittergeschlecht. Nach seinem Studium an der berühmten Universität Padua in Italien trat Albert in den Orden des Heiligen Dominikus ein. Die Dominikaner begeisterten ihn in ihrer Bescheidenheit und Armut. So wie sie wollte er den christlichen Glauben dem einfachen Volk verständlich nahebringen. Doch der Orden bestimmte es anders. Albert, dessen Geistesgröße seinen Mitbrüdern nicht verborgen geblieben war, wurde Lehrer an verschiedenen Schulen seines Ordens. Er wurde Professor und lehrte in Hildesheim, Freiburg, Regensburg, Straßburg und – als erster Deutscher – in Paris. Albert beschäftigte sich mit dem Gedankengut der großen Griechen, Araber und Juden und zog es mit in seine Philosophie ein. Albert, der schon zu Lebzeiten den Beinamen „der Große" bekommen hatte, wurde in Köln zum Friedensstifter zwischen Stadt und Erzbischof gerufen. Seine Schiedssprüche zeugten stets von wohlüberlegtem Geistesgut und einem ausgeprägtem Gerechtigkeitssinn.
Albert befaßte sich allerdings nicht nur mit der Theologie und Philosophie, er war auch ein großer Naturwissenschaftler, der auf seinen Wanderungen durch das Land Tiere, Pflanzen und Kräuter studierte und einordnete. Gegen seinen Willen wurde Albert von Papst Alexander IV. zum Bischof von Regensburg berufen. Dieses Amt übte er allerdings nur zwei Jahre aus. Als er einen Nachfolger gefunden hatte, kehrte er in den Orden zurück.
Einer seiner berühmtesten Schüler war Thomas von Aquin, mit dem ihn eine enge Geistesverwandtschaft verband. Kaum einer verstand den großen Lehrmeister Albertus Magnus so gut wie Thomas von Aquin, der ebenfalls die griechische Philosophie mit in seine Theologie einbezog. So wurde Albert

noch mit 77 Jahren zur Heiligsprechung des früh verstorbenen Thomas von Aquin nach Paris gerufen. Zu Fuß bewältigte er die weite Strecke von Köln aus. Bei aller Gelehrsamkeit bewahrte sich Albertus eine einfache Frömmigkeit, die sich besonders in einer starken Verehrung der Muttergottes ausdrückte. Der große Kirchenlehrer Albert starb am 15. November 1280 in Köln und wurde in der Kirche seines Ordens begraben. Heute ruhen seine Reliquien in der St. Andreas-Kirche in Köln. Die Bücher, Lehren und das Gedankengut des großen Kirchenlehrers blieben bis heute erhalten. Albert wurde 1931 von Papst Pius XI. heiliggesprochen.

Der Name Albert stammt vom Namen Adalbert ab und bedeutet: der durch Adel Glänzende.

Albert ist Diözesanheiliger von Köln, Patron der Naturwissenschaftler, Theologen, Philosophen und Studenten.

„Geh selber zu Gott; das ist nützlicher, denn daß du alle Heiligen und alle Engel hinsendest, die im Himmel sind."
Albert der Große

Alexander

3. Mai

Alex, Axel, Sascha, Sandro, Alexandra, Alexa, Sandra

Der heilige Alexander war einer der ersten Bischöfe in Rom und damit ein Nachfolger des heiligen Petrus. In den Jahren 107 bis 116 leitete er die Kirche.
Über sein Leben und seinen Tod weiß man heute nicht mehr allzu viel. Nur soviel: Papst Alexander I. lebte in der Zeit der Christenverfolgung durch die Römer. Diese waren Heiden und wollten keine fremden Götter neben sich dulden. Wer sich weigerte, den römischen Kaiser anzubeten, wurde verfolgt und mußte als „Staatsfeind" mit dem Tode rechnen. Viele Christen damals ließen sich dennoch nicht von ihrem Glauben an den einzigen Gott abbringen. Lieber gingen sie in den Tod. So auch Papst Alexander. Er wurde schließlich von den Römern hingerichtet.

Das Leben des heiligen Papstes Alexander wird manchmal verwechselt mit dem des Märtyrers Alexander. Dieser wurde im Jahre 167 ebenfalls für seinen Glauben hingerichtet. Der Namenstag von diesem Heiligen ist am 10. Juli. Ein anderer Heiliger mit dem Namen Alexander lebte als Arzt in Frankreich. Auch hier herrschten die Römer, die in den ersten Jahrhunderten nach Christus die ganze Welt regierten. Wie überall in der Welt verfolgten sie auch in Frankreich die Christen mit großer Härte. In der Stadt Lyon im Süden des Landes hatte sich der römische Statthalter eine besondere Grausamkeit ausgedacht. Er ließ die gefangenen Christen von Zirkustieren töten. Als öffentliches Schauspiel! Der Statthalter aber hatte einen Leibarzt mit Namen Alexander.

Dieser Alexander war heimlich Christ. Er hat viele Menschen auf ihrem letzten Gang in die Zirkusarena begleitet, sie getröstet, mit ihnen gebetet und ihnen Mut zugesprochen. Er selbst starb im Jahr 177. Wer sich diesen heiligen Alexander zum Vorbild nimmt, kann seinen Namenstag am 2. Juni feiern.

Der Name Alexander kommt aus dem Griechischen und bedeutet: Verteidiger, Helfer, Schützer.

Andreas

30. November

Andrea, André, Andy, Adi

Andreas und sein Bruder Simon, den Jesus später Petrus nannte, waren Fischer am See Gennesaret. Hier wurden sie von Jesus gerufen. Jesus sagte: „Folget mir, ich will euch zu Menschenfischern machen". Obwohl die Brüder Jesus gar nicht kannten und auch nicht verstanden, was er mit dieser Aufforderung meinte, ließen sie alles liegen und stehen und folgten ihm. So groß war ihr Vertrauen zu diesem Mann. Andreas hatte als gläubiger Jude aber schon immer in der Heiligen Schrift gelesen und auf die Ankunft des Messias gewartet.

Zusammen mit Jakobus und Johannes waren Andreas und Simon-Petrus die vier Stammapostel.

Über das Wirken des Heiligen Andreas zu Lebzeiten Jesu wissen wir nicht viel. Der Evangelist Markus aber berichtet, daß der Jünger dem Herrn besonders nahegestanden habe. Was auch Jesus wollte – Andreas gehorchte ohne zu zögern. So auch damals, als Jesus befahl, auf dem See die Netze auszuwerfen. Obwohl sie in der Nacht vorher nicht einen einzigen Fisch gefangen hatten, gehorchte Andreas und warf mit den anderen Aposteln die Netze aus. Sie fingen eine riesige Menge Fische. Nach Jesu Tod und Auferstehung pre-

digte Andreas als „Menschenfischer" den christlichen Glauben in den Ländern am Schwarzen Meer (Türkei, Rußland, Bulgarien) und später in Griechenland. Auch in der griechischen Stadt Patras predigte er die Frohe Botschaft. Der dortige Statthalter Ägeas zwang den Apostel, den Göttern zu dienen. Andreas weigerte sich standhaft. Dieser Widerstand wurde zum Todesurteil für den mutigen Prediger. Am 30. November 60 erlitt Andreas den Kreuzestod.

Das Kreuz, an dem Andreas starb, war nicht rechtwinklig, sondern schräg. Es sieht aus wie der Buchstabe X. Solche Kreuze, die man oft an unbeschrankten Bahnübergängen sieht, heißen heute noch Andreaskreuze.

Andreas kommt aus dem Griechischen und bedeutet: männlich, tapfer.

Andreas ist der Patron der Fischer und Patron Griechenlands. Viele Kirchen sind ihm geweiht.

Der 30. November heißt bei vielen Menschen auch Andreastag.

Wetterregel:
Andreas hell und klar
bringt ein gutes Jahr.

Angela

27. Januar

Angelika, Angelina, Angeline

Angela wurde am 21. März 1474 in Desenzano am Gardasee geboren. Mit zehn Jahren schon stand das Mädchen allein in der Welt, denn Vater und Mutter waren kurz hintereinander gestorben. Auch Angelas geliebte Schwester folgte den Eltern bald. Was sollte die Waise tun? Sie arbeitete als Dienstmagd bei Verwandten. Während dieser Zeit schon sammelte sie immer wieder Kinder um sich und erzählte ihnen vom Glauben und unterrichtete sie. Denn eine Schulpflicht gab es damals noch nicht. Aus Liebe zu Jesus Christus machte sich Angela eines Tages auf die Reise. Sie pilgerte nach Jerusalem. Unterwegs verlor sie ihr Augenlicht und fragte sich immer wieder: Was will Gott wohl von mir? Da erkannte sie eines Tages auf dem beschwerlichen Pilgerweg, daß Gott sie zu seiner Verkündigung auserwählt hatte. Nach dieser Erkenntnis gewann Angela ihr Augenlicht zurück. Zuhause widmete sich Angela fortan ihrer neuen Aufgabe mit voller Kraft: sie unterrichtete junge Menschen im Glauben und kümmerte sich besonders um die Kinder armer Eltern, die es sich nicht leisten konnten, ihre Kinder zur Schule zu schicken.

Sie war eine so begnadete Lehrerin, daß sie später in Brescia einen Orden gründete, der sich um die Erziehung der weiblichen Jugend bemühte. Diesem Orden gab Angela den Namen der Heiligen Ursula von Köln, die in Italien großes Ansehen genoß. Papst Clemens bestätigte kurz nach der Gründung die „Gesellschaft der hl. Ursula" und erkannte die von Angela entworfene Ordensregel an. 1537 wurde die Gründerin zur ersten Oberin gewählt. Aber es war ihr nur noch drei Jahre vergönnt, ihren Orden zu leiten. Angela starb 1540 in Brescia und wurde dort in der St. Afra-Kirche begraben. 1807 wurde die große Glaubenslehrerin heiliggesprochen.

Ihr Orden, die Ursulinen, unterhalten in Europa und Nordamerika zahlreiche Schulen und Internate.

Der Name Angela kommt aus dem Lateinischen und bedeutet: die Engelhafte oder Botin Gottes.

Anna

26. Juli

Annika, Anika, Anke, Antje, Anne, Annegret, Anneliese, Annemarie, Annette, Anni, Anita, Anja, Hannah, Hanna, Nadine, Nadja, Nancy, Nannette

Die heilige Anna ist die Mutter von Maria und damit die Großmutter von Jesus. Als „Mutter Anna" wird sie besonders bei uns in Deutschland verehrt. Die Legende erzählt, daß Anna und ihr Mann Joachim 20 Jahre lang auf ein Kind gewartet hatten. Beide waren tiefreligiöse und fromme Menschen. Jahr für Jahr hatten sie Gott um ein Kind gebeten. Sie wollten ihm sogar ihr Kind weihen, wenn er ihnen eines schenken würde, so versprachen sie ihm.

Eines Tages verkündetet ein Engel Anna die Geburt eines Kindes. Anna und Joachim wurden, obwohl sie schon sehr alt waren, Eltern von einem kleinen Mädchen – Maria. Beide hatten sehr viel Freude an dem Kind, auf das sie so lange gewartet hatten. Trotzdem vergaßen sie ihr Versprechen nicht, das sie Gott gegeben hatten.

Als Maria drei Jahre alt war, brachten sie ihr Töchterchen – schweren Herzens – zum Tempel. Sie übergaben das Mädchen dem Hohepriester Zacharias. Der sollte es zu einer gehorsamen Dienerin Gottes erziehen.

Anna war tief betrübt. Es fiel ihr schwer, den Weg Gottes zu gehen und ihr Versprechen zu halten. Nur ein Gedanke tröstete sie: Der Engel hatte ihr damals verkündet: „Du wirst ein Kind bekommen, das von der ganzen Welt verherrlicht wird!" Mit diesem Gedanken bekämpfte Anna ihren Schmerz, auch wenn sie noch nicht wissen konnte, daß ihre kleine Maria Jahre später die Mutter Gottes werden würde.

Leider wissen wir heute nicht, ob die Mutter Anna dieses Wunder noch miterleben durfte. In vielen Bildern aber wird Anna zusammen mit Maria und dem Jesuskind gezeigt.

Der Name Anna kommt aus dem Hebräischen und bedeutet: die Begnadete, Gott hat sich erbarmt.

Anna ist die Patronin der Hausfrauen, der Mütter, der Ehe und der Bergleute.

Der 26. Juli, der Festtag von Mutter Anna, heißt bei vielen Menschen auch Annentag.

Wetterregeln:

Sankt Anna klar und rein,
wird bald das Korn geborgen sein.

Ist Sankt Anna erst vorbei,
kommt der Morgen kühl herbei.

Sollte die Anna Trockenheit bringen,
fängt der Bauer an zu singen.

Antonius von Padua

13. Juni

Anton, Antonia, Antonie, Toni

Antonius wurde 1195 in einer vornehmen Familie in Lissabon geboren. Seine Eltern nannten ihn Fernando. Erst später nahm er den Namen Antonius an.
Antonius war ein ausgezeichneter Schüler und Student. Als er vom Märtyrertod einiger Franziskanerbrüder in Marokko erfuhr, sah Antonius seinen Weg plötzlich deutlich vor sich:
Auch er wollte als Missionar nach Marokko gehen. Doch Antonius kam erst gar nicht dazu, dort das Evangelium zu verkünden. Auf der Überfahrt wurde er so schwer krank, daß er zur Umkehr gezwungen war. Das Schiff aber wurde auf der Heimfahrt nach Sizilien verschlagen. Von dort wanderte Antonius nach seiner Genesung zu Franziskus nach Assisi. Hier zog er sich nach dem Vorbild des großen Ordensgründers in die Einfachheit und Einsamkeit zurück.
Eines Tages sollte Antonius bei einer Feier eine Rede halten. Seine Mitmenschen trauten ihren Ohren kaum, als sie den glühenden Redner hörten. Keiner hatte von dem großen Redetalent des Antonius gewußt. Antonius wurde von dem Tage an ein begeisterter Wanderprediger. Er stand predigend auf den Kanzeln der Kirchen, auf großen Plätzen und am Meeresstrand. Wo er auftrat, liefen die Leute in Scharen zusammen, um ihn zu hören. Er predigte so überzeugend, daß er viele Menschen für die Kirche zurückgewinnen konnte.

Als Franziskus von der Redekunst des jungen Antonius erfuhr, bat er ihn, junge Franziskaner für ihre Predigtaufgaben auszubilden. Später wurde er als Lehrer für Theologie nach Bologna berufen.
Als Antonius genügend Schüler ausgebildet hatte, zog er sich als 29jähriger nach Frankreich zurück. Auch dort predigte er und gründete Klöster. Die letzte Zeit seines Lebens verbrachte er wieder in Italien, in Padua. Hier starb der bedeutendste Prediger seiner Zeit am 13. Juni 1231 mit nur 36 Jahren. Nach seiner offiziellen Heiligsprechung im Jahre 1232 durch Papst Gregor IX. ernannte ihn Papst Pius XII. 1946 zum Kirchenlehrer. Schon im Mittelalter war er einer der beliebtesten Volksheiligen, der seit damals auch als „Wiederbringer verlorener Gegenstände" angebetet wird. Berühmt ist die Wallfahrtskirche des Heiligen Antonius in Padua. Antonius wird oft mit dem Jesuskind auf dem Arm dargestellt, weil er der Legende nach mit dem Jesuskind gesprochen hat.

Der Name Antonius kommt aus dem Lateinischen und heißt: der Vordermann, der vorn Stehende.

Antonius ist der Patron der Liebenden, der Ehe und der Bergleute.
Als Schutzpatron wird er besonders vom Bistum Paderborn und den Städten Hildesheim, Lissabon und Padua verehrt.

Barbara

4. Dezember

Bärbel, Babette, Babs, Barbi

Barbara lebte in Nikodemien, einer Stadt der heutigen Türkei. Sie selbst war eifrige Christin, ihr Vater Heide. Barbara soll eine auffallend schöne und kluge Frau gewesen sein. Viele junge Männer hielten bei ihrem Vater, einem reichen Kaufmann, um die Hand der Tochter an. Barbara wies alle ab.

Die Türkei gehörte in jener Zeit zum großen römischen Reich. Damals herrschte gerade Kaiser Daja (310–313). Und die heidnischen Römer verfolgten alle Christen aufs Grausamste. Der Vater sah die Gefahr, in der sich seine Tochter befand, und drängte sie, dem Christentum abzuschwören. Doch Barbara weigerte sich standhaft. Um sie umzustimmen, ließ ihr Vater sie in einen Turm einsperren und streng bewachen. So wollte er ihr den Kontakt zu anderen Christen unmöglich machen. Doch das half alles nichts, die junge Frau blieb Jesus Christus treu. In dem Turm, so erzählt die Geschichte, sei Barbara auf wundersame Weise durch die heilige Eucharistie genährt und gestärkt worden. Schließlich wollte der Vater sie mit einem reichen Heiden verheiraten. Wieder weigerte sich Barbara mit der Begründung, sie sei die Braut des Herrn. Da lieferte der eigene Vater voller Wut die Tochter an die Römer aus. Diese forderten sie auf, ihren Glauben zu widerrufen. Vergeblich! Da verurteilten sie die Römer zum Tode. Barbaras Vater soll bei der Hinrichtung geholfen haben, ja, Barbara selbst mit dem Schwert enthauptet haben. Direkt nach der Tat wurde er von einem Blitz erschlagen, erzählt die Legende der Heiligen Barbara.

Der Name Barbara kommt aus dem Griechischen und bedeutet: die Fremde, die Ausländerin.

Barbara ist die Patronin der Bergleute, Gefangenen und Sterbenden. Sie gehört zu den 14 Nothelfern und wird angerufen gegen Gewitter, Feuersgefahren, Fieber oder für eine gute Sterbestunde.

Noch heute ist es Sitte, am Barbaratag Zweige von Forsythien, Kirschbäumen oder Kastanien abzuschneiden und in Wasser zu stellen. Diese Barbarazweige entwickeln sich in der Wärme und blühen genau zu Weihnachten auf. Die blühenden Zweige mitten im dunklen Winter erinnern uns an die Kraft und Hoffnung, die Barbara im dunklen Kerker durch die Eucharistie schöpfen konnte.

Wetterregeln:

Sankt Barbara soll Blütenknospen zeigen.

Geht Barbara im Grünen,
kommt's Christkind im Schnee.

Beate und Beatrix

8. April und 30. Juli
Beata, Bea, Beatrice, Trixi

Beate gehört zu den stillen Heiligen. Sie war die Tochter des Grafen Heinrich von Mecklenburg und lebte im 14. Jahrhundert. Als junge Frau trat sie in das Klarissenkloster Ribnitz ein und wurde dort 1350 Äbtissin. Für Beate bedeutete das: Sie wollte ein Vorbild sein und den Schwestern vorleben, wie sie sich das Leben für Gott im Kloster vorstellte: in Friedfertigkeit, Nächstenliebe, Demut und treuer Befolgung der Ordensregeln. Am 8. April 1399 starb Beate und wurde, obwohl nie offiziell heiliggesprochen, bis ins Mittelalter hinein als Heilige verehrt. Viele Pilger kamen bis zur Reformationszeit, als das Land evangelisch wurde, zu ihrem Grab und beteten dort. Der Gedenktag der heiligen Beate ist der 8. April.

Beatrix gehört mit ihren Brüdern Simplicius und Faustinus zu den Opfern der Christenverfolgung unter Kaiser Diokletian. Als die Römer entdeckten, daß die Geschwister Christen waren, stellten sie sie vor Gericht und machten ihnen den Prozeß. Sie wurden zum Tode verurteilt. Beatrix wurde im Kerker erdrosselt und mit ihren Brüdern vor den Toren der Stadt begraben. Über den Gräbern der drei Märtyrer bauten die Christen später eine kleine Kirche, die noch im 7. Jahrhundert von Pilgern besucht, aber später zerstört wurde. Papst Leo II. ließ die Reliquien nach Rom bringen und in der heute ebenfalls zerstörten Pauluskirche beisetzen. Der Gedenktag von Beatrix und ihren Brüdern ist der 29. Juli.

Die Namen Beate und Beatrix kommen aus dem Lateinischen und bedeuten: die Glückliche.

Benedikt

11. Juli
Benni

Bete und arbeite! Wer kennt nicht diesen Aufruf? Aber wer weiß schon, daß dieses das Hauptgesetz des Heiligen Benedikt von Nursia war?

Doch der Reihe nach. Hoch oben in den Bergen Umbriens kam Benedikt 480 in dem kleinen Ort Nursia (Norcia) zur Welt. Mit seiner Schwester Scholastika verbrachte er hier in der Einsamkeit eine glückliche Kindheit. Nach der Schulzeit schickten die Eltern, die zum römischen Landadel gehörten, den Sohn zum Studium nach Rom. Doch voller Entsetzen sah der junge Mann die Sittenlosigkeit und Ausschweifungen der Menschen in der Hauptstadt. Hier konnte er nicht studieren, ein solches Leben ekelte ihn an. So floh Benedikt zurück in die Einsamkeit der Berge.

Bei Subiaco zog er sich als Einsiedler in eine Höhle zurück, betete den ganzen Tag, las in der Heiligen Schrift und ernährte sich nur von dem, was ihm die Natur schenkte: Beeren, Früchte, Pilze. Seine einzige Gesellschaft war ein zahmer Rabe, der, so erzählt die Legende, dem Mönch das Leben gerettet haben soll.

Eines Tages aber entdeckten Hirten den frommen Einsiedler in der Höhle. Und von da an war es vorbei mit der Ruhe. Besucher kamen, um mit ihm zu beten oder seinen Rat zu erbitten. Täglich waren es mehr Menschen, die zu Benedikt pilgerten. Schließlich kamen auch Mönche aus dem nahen Kloster Vicovaro und drängten den Einsiedler, ihr Abt zu werden. Nach langem Zögern willigte Benedikt ein. Doch Benedikt mußte bald feststellen, daß das Leben dieser Mönche nur noch wenig mit Gott zu tun hatte. Sie lebten fröhlich in den Tag hinein und

gingen ihren weltlichen Freuden und Vergnügungen nach. Als Benedikt versuchte, das Klosterleben neu zu regeln und eine strenge Ordnung einzuführen, paßte das den Mönchen natürlich gar nicht. Sie wollten ihn, den sie gerufen hatten, bald wieder loswerden. Als ihm einer der Mönche sogar Gift in seinen Becher schüttete, gab Benedikt auf und verließ enttäuscht das Kloster. Wieder zog er sich zurück in seine Höhle. Und wieder kamen die Menschen zu ihm. Dieses Mal aber waren es junge Männer, die so leben wollten wie Benedikt – als fromme Einsiedler. Mit der Zeit bildeten sich zwölf kleine Mönchsgemeinschaften heraus, alle hatten ein eigenes kleines Kloster. Benedikt war der geistliche Leiter für alle diese Gemeinschaften.
Später, im Jahre 529, verließ Benedikt mit seinen Mönchen Subiaco und zog in die Nähe des Ortes Cassino, südöstlich von Rom. Dort gründete er das weltberühmte Kloster Montecassino. Hier erarbeitete Benedikt für sich und seine Benediktiner eine strenge Ordensregel, die „Regula Benedicti", aus der auch der Grundsatz „Bete und arbeite" stammt. Für die damalige Zeit war eine solche Regel eine Sensation. Sie legte bestimmte Stunden für das Gebet und die Arbeit, für besinnliche Stunden und den Schlaf fest. Benedikt aber verstand seine Vorschriften mehr als eine Anleitung, als eine Hilfe für die Mönche,

ein gottgefälliges Leben zu führen. Viele andere Klöster haben diese Regeln für sich übernommen und abgewandelt. Deshalb wird Benedikt heute auch als Vater des abendländischen Mönchtums bezeichnet. Benediktinerklöster wurden im Laufe der Jahrhunderte zu Zentren der Bildung und Kultur. Die Benediktiner leben heute noch nach den Grundsätzen ihres Ordensgründers in Arbeit und Gebet. So sind sie berühmt für ihre besonders schönen alten Choralgesänge. Benedikt, der Ordensgründer, starb am 21. März 547 während eines Gebetes in der Klosterkirche Montecassino. Die Mönche begruben ihn neben seiner Schwester Scholastika, die ebenfalls heiliggesprochen wurde (Gedenktag 10. Februar). Im Zweiten Weltkrieg wurde das Kloster Montecassino völlig zerstört. Beim Wiederaufbau entdeckte man das ursprüngliche Grab von Benedikt.

Der Name Benedikt kommt vom lateinischen benedictus und bedeutet: der Gesegnete.

Benedikt ist der Schutzheilige der Schulkinder, Lehrer, Höhlenforscher, Kupferschmiede und der Sterbenden und wird angerufen gegen Entzündungen, Fieber, Nierensteine und Vergiftung. Papst Paul VI. hat ihn 1964 auch zum Schutzpatron für das ganze Abendland ernannt.

Benjamin
31. März

Der Name Benjamin ist schon sehr alt. Die Bibel berichtet im Alten Testament (Genesis 35,18), daß Jakob und Rachel ihren jüngsten Sohn Ben-Jamin nannten. Das bedeutet: Sohn des Glücks. Von einem anderen Heiligen mit Namen Benjamin, der viel später lebte, ist heute nicht allzuviel bekannt. Dieser war ein Diakon und verkündete in Persien den Glauben an Jesus Christus. Während der Christenverfolgung verlangten die Römer von ihm, er solle wie sie Sonne und Feuer anbeten. Die Römer waren damals sehr mächtig und beherrschten fast die ganze Welt.
Doch Benjamin weigerte sich, seinen Glauben zu verleugnen und blieb Gott treu. Deshalb wurde er grausam gefoltert und starb schließlich im Jahre 422 den Märtyrertod.

Der Name Benjamin kommt aus dem Hebräischen und bedeutet: Glückssohn, Sohn des Glücks.

Bernhard

20. August
Bernd, Bernt, Bert, Björn

Bernhard von Clairvaux gehört zu den ganz großen Heiligen der Kirche. Er wurde um das Jahr 1090 herum als drittes von sieben Kindern eines Adligen im Burgund in Frankreich geboren. Er war zu zart und schwach um, wie in dieser Zeit üblich, Ritter zu werden. Also bestimmte der Vater: Bernhard wird Gelehrter. Nach der Schulzeit beschloß der Sohn, in ein strenges Kloster einzutreten. Durch seine Begeisterungsfähigkeit und Beredsamkeit überzeugte er so sehr von seiner Idee, daß sich ihm 30 junge Leute anschlossen, darunter vier seiner Brüder. Sie traten 1112 dem strengen Kloster Cîteaux südlich von Dijon bei, das von den Zisterziensern geführt wurde. Zwei Jahre nach dem Eintritt in dieses Kloster schickte der Abt Bernhard mit 12 weiteren Mönchen aus, um das Kloster Clairvaux zu gründen. Er gehorchte und wurde als 25jähriger zum Gründungsabt gewählt. Im Laufe von Bernhards Leben folgten noch 70 weitere Klostergründungen. Doch damit nicht genug. Bernhard wurde zum gefragten Ratgeber bei Fürsten, Königen und Päpsten. Zu allen aktuellen Fragen seiner Zeit nahm er Stellung.
Er war ein begnadeter Prediger und wanderte durch ganz Europa, um dazu aufzurufen, das Heilige Land aus der Hand der Moslems zu befreien. Bei allen Erfolgen, die Bernhard hatte, blieb er stets ein bescheidener Mönch. Ehrungen und Macht innerhalb und außerhalb der Kirche lehnte er konsequent ab. Doch sein Leben voller Einsatz für das Christentum setzte der Gesundheit des schmächtigen Mannes zu. Bernhard wurde schwer krank und starb am 20. August 1153 in Clairvaux. Papst Alexander III. sprach Bernhard 1174 heilig. Papst Pius VIII. ernannte ihn 1830 zum Kirchenlehrer. Die Gebeine des Heiligen Bernhard werden in einem kostbaren Schrein in der Schatzkammer der Kathedrale von Troyes aufbewahrt.

Neben dem Heiligen Bernhard von Clairvaux kann man auch der Heiligen Bernhardin von Siena (20. Mai), Bernhard von Aosta (15. Juni) oder Bernhard von Hildesheim (20. Juli) gedenken.

Der Name Bernhard kommt aus dem Althochdeutschen und bedeutet: stark wie ein Bär.

Bernhard ist der Patron der Bienenzüchter und Wachszieher und wird wegen seines Bienenfleißes gern mit einem Bienenkorb dargestellt.

Blanka

1. Dezember
Blanca, Bianca

Wie schon andere große heiligmäßige Frauen (Maria, die Mutter Jesu, Monika, die Mutter des Augustinus, Helena, die Mutter des Konstantin) ist auch bei Blanka das Leben eng mit dem ihres Sohnes verbunden. Sie war die Mutter des großen Heiligen Ludwig IX. von Frankreich (Gedenktag 25. August). Blanka kam 1188 als Tochter des Königs Alfons IX. von Kastilien zur Welt. Mit nur zwölf Jahren wurde die junge Spanierin verheiratet. Ihr Mann, Ludwig VIII., war König von Frankreich. Als dieser früh starb, war ihr gemeinsamer Sohn, der kleine Ludwig erst 11 Jahre alt, also noch zu jung, um das große Land Frankreich zu beherrschen. Da übernahm seine Mutter Blanka die Regierung. Voller Tatkraft und Klugheit und mit großem Verständnis für politische Vorgänge und Hintergründe leitete sie zehn Jahre lang die Amtsgeschäfte für ihren Sohn. Während dieser Zeit erzog sie Ludwig IX. zu einem guten Christen und vorbildlichen Herrscher. Sie war ihrem Sohn in allem ein Vorbild: Blanka kümmerte sich um Arme und Kranke, gründete Hilfseinrichtungen und Spitäler für Bedürftige und unterstützte Kirchen und Klöster.

Ludwig wurde ein Ebenbild seiner Mutter. Dieser König war das Ideal eines Herrschers, gerecht und willensstark, zugleich aber bescheiden und nächstenliebend. Unter seiner Regierung blühte Frankreich auf. Wenn es Probleme gab, wandte sich Ludwig stets als erstes an seine kluge Mutter, die ihm ein Leben lang ratgebend zur Seite stand. Als Ludwig 1248 zu einem Kreuzzug ins Heilige Land aufbrach, übernahm Blanka für ihn ganz selbstverständlich wieder die Regierungsgeschäfte. Ludwig geriet in moslemische Gefangenschaft und mußte von seiner Mutter mit einem hohen Lösegeld freigekauft werden. Wie auch andere Mütter großer Männer der Weltgeschichte stellte Blanka ihr Leben in den Dienst ihres Sohnes zum Wohl des ganzen französischen Volkes. Doch nicht persönlicher Ehrgeiz, sondern Verantwortungsgefühl und tiefes Gottvertrauen bestimmten ihr Handeln. Als der Sohn zurück war in Frankreich, zog sich Blanka sofort aus der Regierung zurück. Sie war schwer krank und fühlte ihr Ende nahen. Da trat sie in das von ihr gegründete Zisterzienserinnenkloster Maubuisson ein, wo sie am 1. Dezember 1252 starb.

Der Name Blanka kommt aus dem Lateinischen und bedeutet: die Blonde, die Leuchtende. Der bei uns beliebte Name Bianca ist die italienische Form von Blanka. In Frankreich wird die Heilige unter dem Namen Blanche hochverehrt.

Brigitta und Birgitta

1. Februar und 23. Juli

Birgit, Birte, Brigitte, Britta, Gitte, Gitta, Rita

Die **Heilige Brigitta von Irland** wurde um 450 in der Nähe von Kildare geboren. Sie wird in Irland hoch verehrt und kommt in ihrer Anerkennung gleich nach der Muttergottes. Viele Menschen nennen sie deshalb auch die „Maria der Kelten".

Brigitta, so erzählt die Überlieferung, wurde vom großen Heiligen der Iren, Patrick, getauft. Schon mit 14 Jahren wurde sie Nonne im Frauenkloster Meath. Doch bald danach gliederte sich Brigitta aus dem Kloster aus und baute sich eine eigene Zelle unter einer Eiche. Andere Schwestern folgten ihr. Aus der einsamen Hütte wurde bald ein Kloster, das man Kildare (= Eichenkirche) nannte. Von der Klosterkirche ist noch heute ein wunderschöner Turm erhalten. Das Kloster wurde auf der ganzen Insel berühmt und bekam viele Nachfolger. Die Schwestern erkannten Brigitta als Ordensgründerin und Vorsteherin an. Brigitta starb am 1. Februar 523 und wurde in Downpatrick begraben, an der Stelle, wo damals auch die Gebeine des Heiligen Patrick ruhten.

Schon gleich nach ihrem Tode wurden viele Legenden und Wundergeschichten über die Heilige Brigitta von Irland erzählt.

Ihr Gedenktag ist der 1. Februar.

Brigitta von Kildare ist die Nationalheilige Irlands und Patronin von Essen. Sie schützt die Kinder und das Vieh (besonders Geflügel und Kühe) und wird gegen Unglück und Verfolgung angebetet.

Sie wird meist als Äbtissin im Gebet dargestellt.

Die **Heilige Birgitta von Schweden,** deren Namensfest wir am 23. Juli feiern, wurde um 1302 herum in der Nähe von Uppsala in Südschweden geboren. Schon mit 14 Jahren heiratete sie auf Wunsch ihres Vaters den 18jährigen Adligen Ulf Gudmarsson. Mit diesem führte sie eine glückliche Ehe und bekam acht Kinder. Die Familie lebte in großer Frömmigkeit und Einfachheit. Regelmäßiges Fasten gehörte mit zum täglichen Leben. Stets kümmerte sich Birgitta neben ihrer Familie auch um die Armen.

Zusammen mit ihrem Mann wallfahrtete sie von Schweden aus nach Nordwestspanien. In Santiago de Compostella besuchten sie gemeinsam das Grab des Heiligen Jakobus. Im Mittelalter war das eine unendlich lange und mühsame Reise, die fast zwei Jahre dauerte. Ulf Gudmarsson kam glücklich, aber verändert wieder zu Hause an. Der Familienvater beschloß, in ein Kloster einzutreten. Birgitta war einverstanden. Kurz darauf aber schon, im Jahre 1344, starb Birgittas Mann. Trauernd ließ sich Birgitta in der Nähe seines Grabes nieder. Auch ihr Leben hatte sich verändert. Schon als Kind hatte Birgitta Visionen erlebt, also Stimmen gehört und gesehen, die andere nicht sehen konnten. Jetzt, mit 42 Jahren, hatte Birgitta wieder und immer häufiger Offenbarungen Gottes, in denen Christus sie als „seine Braut und Mittlerin" bezeichnete. Birgitta schrieb alle diese Erscheinungen in schwedischer Sprache nieder. Später wurden sie ins Lateinische übersetzt.

Der schwedische König Magnus Erikson, der sich schon früher oft von Birgitta hatte beraten lassen, schenkte der frommen Frau eines seiner Güter in Wadstena. Hier gründete sie nach einer Romreise ein Kloster und einen neuen Orden, den Birgittenorden. Ihre Tochter Katharina, die später ebenfalls heiliggesprochen wurde, stand ihr dabei bis zum Tode treu zur Seite. 1373 pilgerte Birgitta ins Heilige Land und betete an den Stätten Jesu. Von hier kam sie krank zurück und starb am 23. Juli 1373. Zuvor aber hatte Birgitta 24 Jahre in Rom verbracht, wo sie nach einem „göttlichen Befehl" mit großem Eifer und besonderer Klugheit mithalf, den Papst aus Frankreich nach Rom zurückzuholen.

1391 wurde Birgitta durch Papst Bonifaz IX. heiliggesprochen.

Die Namen Brigitta und Birgitta kommen aus dem irisch-keltischen und bedeuten: von großer Stärke, Geistes- und Willenskraft, auch: die Strahlende.

Birgitta ist die Patronin Schwedens und der Pilger. Sie wird angefleht um einen guten Tod.
Auf Darstellungen wird sie meist im Gewand einer Pilgerin oder im Nonnenhabit wiedergegeben. Auch Schreibfeder und Buch gehören zu ihren Attributen.

Christian

14. Mai

Chris, Christiane, Karsten, Carsten

Der heilige Christian starb schon als junger Mann den Märtyrertod.
Er lebte als Soldat in Galatien, der heutigen Türkei. Galatien gehörte damals zum großen Reich der Römer. Die Römer waren Heiden. Sie verehrten viele verschiedene Götter. Christian und seine Gefährten weigerten sich, ebenfalls diese Götter anzubeten, so wie es die Römer von ihnen verlangten. Für sie gab es nur einen Gott, den Schöpfer des Himmels und der Erde. Für diese Überzeugung ging Christian zusammen mit seinen Gefährten in den Tod. Während der Christenverfolgung im 4. Jahrhundert durch den grausamen Kaiser Diokletian wurden Christian und seine Freunde hingerichtet.

Wer Christian heißt, kann sich aber auch auf einen anderen Namenspatron berufen, auf den seligen Christian von Preußen. Dieser lebte im 13. Jahrhundert als Mönch in einem deutschen Kloster in Polen. Von dort zog er aus, um den heidnischen Preußen den christlichen Glauben zu predigen. Vorher hatte ihn der Papst zum Bischof geweiht. Obwohl Christian viele der rauhen und wilden Preußen zu Christen bekehrte, geriet er eines Tages in Gefangenschaft und wurde fünf Jahre eingekerkert. Er starb am 4. Dezember 1245 in einem polnischen Kloster. Sein Gedenktag ist der 4. Dezember.

Wer Christiane heißt, kann sich auch auf eine Heilige berufen, die zur Zeit Konstantins als Gefangene bei den Georgiern gelebt hat. Sie bekehrte durch ihr Gebet, ihre Beredsamkeit und ihr vorbildliches Leben die königliche Familie und das georgische Volk. Auch werden Wunder berichtet, die sie bewirkt haben soll. In der griechischen Kirche und bei den Georgiern wird diese Heilige Christiane hoch verehrt. Die römische Kirche feiert ihren Festtag am 15. Dezember.

Der Name Christian kommt aus dem Lateinischen und bedeutet: Christ.

Christine

24. Juli

Christina, Christa, Christel, Kristin, Kirsten, Kerstin, Tina, Nina, Kitty

Die heilige Christine war die Tochter von reichen heidnischen Eltern. Sie lebte um das Jahr 300 herum in Mittelitalien, in der Stadt Bolsena. Damals passierte etwas Besonderes: Eine Dienerin unterrichtete Christine heimlich im christlichen Glauben. Davon durften die heidnischen Eltern natürlich nichts wissen.

Als Christine eine junge Frau geworden war, wollte ihr Vater sie verheiraten, standesgemäß, mit einem reichen jungen Mann. Natürlich war auch dieser ein Heide. Da weigerte sich die junge Christine und gestand ihrem Vater, daß sie der christlichen Kirche beigetreten war.

Ihr Vater wurde blaß vor Wut und Angst. Die Götter könnten sich, so fürchtete er, für diesen Frevel an ihm rächen. Deshalb verlangte er von seiner Tochter, daß sie sofort Weihrauch streuen und ein Sühneopfer für die Hausgötter bringen sollte. Doch Christine sagte nein. Ihre Mutter aber warf sich voller Angst der Tochter zu Füßen und flehte Christine an, das Glück der Familie nicht aufs Spiel zu setzen.

Vergebens. Christine blieb standhaft. Weder durch Versprechungen noch durch Drohungen ließ sie sich von ihrem Glauben abbringen. Da zeigte ihr eigener Vater sie beim römischen Kaiser Diokletian an. Dieser war bekannt für seine grausame Christenverfolgung. Man machte Christine den Prozeß und verurteilte sie zum Tod.

Man kann es sich kaum vorstellen, aber die Legende erzählt, daß Christines Vater selbst mitgeholfen haben soll, der Tochter den Mühlstein um den Hals zu binden. Dann wurde sie auf dem offenen Meer ins Wasser gestoßen. Doch, so berichtet uns die Geschichte: Bevor Christine unterging, kam ein Engel, rettete sie und brachte sie heil zurück an Land. Dort verkündete die junge Frau weiterhin unerschrocken ihren Glauben. Sie soll sogar in den heidnischen Tempeln die Götterstatuen und Opfergefäße zertrümmert haben, um zu zeigen, daß Gott mächtiger ist als die Götzen der heidnischen Römer. Das ließen sich die Henkersknechte des Kaisers nicht bieten. Sie warfen die unerschrockene Frau zu Giftschlangen in eine Grube. Christine überlebte. Schließlich griffen sie zu Pfeil und Bogen. Christine starb an zwei Pfeilen in ihrem Herzen. Die Grabstätte dieser mutigen Frau befindet sich in der Kirche S. Christina in Bolsena. Dort waren Ende letzten Jahrhunderts ihre Reliquien in einer Marmorurne in einer unterirdischen Grotte entdeckt worden.

In Bolsena wird die Heilige auch heute noch ganz besonders geliebt und verehrt. Einmal im Jahr, am 24. Juli, kommen die Menschen von weither in den Ort, um in einer feierlichen Prozession der mutigen jungen Frau zu gedenken. Eine andere Heilige, Christina Mirabilis lebte im 12. Jahrhundert in Belgien. Ihr Gedenktag ist ebenfalls der 24. Juli.

Der Name Christine ist lateinisch und bedeutet: die Christin.

Christine ist Patronin der Müller und Seeleute.

Christophorus

24. Juli

Christoph, Christopher, Chris

Der heilige Christophorus soll ein riesengroßer Mann gewesen sein und um das Jahr 250 herum gelebt haben. Dieser Riese mit Namen Reprobus ("der Verworfene") war auf der Suche nach dem Mächtigsten. Dem wollte er sich als Diener zur Verfügung stellen. Er tritt in die Dienste eines Königs. Doch der König fürchtet sich vor dem Teufel. So macht sich Reprobus auf die Suche nach dem Teufel, um diesem zu dienen. Doch der Riese muß erkennen: Auch der Teufel fürchtet sich – vor Jesus Christus. Wenn also Jesus Christus stärker ist als der Teufel, denkt Reprobus, dann soll dieser sein Herr sein.

Auf der Suche nach Jesus Christus trifft der Riese einen Einsiedler. Dieser geleitet ihn an einen großen wilden Fluß, über den es keine Brücke gab. Viele Menschen sind hier schon beim Überqueren des Stroms ertrunken. "Trage die Menschen hin- und herüber und diene dadurch dem Nächsten. So wirst du eines Tages Jesus Christus finden!" sagt der Einsiedler.

Jahrein, jahraus trägt der starke Reprobus geduldig und ohne große Mühe die Menschen durch den reißenden Strom. Eines Abends ruft ihn ein kleiner Junge vom anderen Ufer des Flusses und will hinübergetragen werden. Der Riese nimmt lachend das kleine Kind auf seine mächtigen Schultern und marschiert los. Mühelos. Doch je weiter er in den Fluß hinein schreitet, desto schwerer wird das Kind. Der Riese kann es kaum noch tragen, es kommt ihm vor als trüge er die ganze Welt auf seinen Schultern. Dann bricht er unter der Last zusammen. Und das Kind – Jesus Christus – erklärt dem Riesen: „Ich bin Christus, der Herr der Welt und der mächtigste König, der, den du suchst!" Und er tauft den Riesen mitten im Fluß auf den Namen Christophorus. Das heißt Christusträger. Von da an dient Christophorus nur noch Jesus Christus. Die Legende erzählt weiter, daß die Henker des römischen Kaisers Decius später in Kleinasien einen großen, starken Mann gefangen hätten, der dort den christlichen Glauben verbreitete. Um ihn zu verhaften, waren 400 Soldaten nötig. Sie wollten den Riesen mit Namen Christophorus zwingen, den Kaiser als Gott anzubeten. Doch Christophorus weigerte sich. Da ließ ihm der Kaiser das Haupt abschlagen.

Der Name Christophorus kommt aus dem Griechischen und bedeutet: Christus-Träger.

Christophorus ist der Patron der Kraftfahrer, Reisenden, Lastträger und Kinder. Er gehört zu den 14 Nothelfern. An seinem Gedenktag wird vielerorts eine Fahrzeugweihe abgehalten, wobei die Menschen Gottes Segen erbitten gegen die Gefahren des Straßenverkehrs. Ein Sprichwort sagt, wenn man am Morgen ein Christophorus-Bild betrachtet, sei man geschützt bis zum Abend. Früher wurden deshalb Bilder des Nothelfers ganz groß an Eingänge von Kirchen oder an belebte Plätze gemalt. Viele Autofahrer befestigten auch Plaketten mit dem Bild des Heiligen an ihrem Armaturenbrett.

Cordula

22. Oktober
Kordula, Cora, Kora

Wenn du mehr über die heilige Cordula erfahren möchtest, solltest du dir das Leben der heiligen Ursula anschauen. Denn mit dieser Märtyrerin war Cordula eng verbunden. Sie war eine der vielen Begleiterinnen Ursulas auf dem Weg nach Köln. Cordula hatte sich auf dem Segelschiff versteckt, als die anderen Jungfrauen an Land gingen. Als sie sah, daß ihre Gefährtinnen von den heidnischen Besatzern der christlichen Stadt Köln hingerichtet wurden, stellte auch Cordula sich den grausamen Verfolgern.

Das Beispiel der anderen Jungfrauen, ihre Tapferkeit und ihr Gottvertrauen hatten auch Cordula Mut gemacht, für ihren Glauben zu sterben. So stellte sich Cordula freiwillig ihren Henkern und wurde wie ihre Gefährtinnen von den Hunnen getötet. Das war im Jahre 304. Ihre Reliquien befinden sich heute in Königswinter.

Der Name Cordula bedeutet: das kleine Herz.

Cornelia

31. März
Conny, Konny, Kornelia, Nelly, Nele, Korinna, Corinna

Von der heiligen Cornelia wissen wir, daß sie in Nordafrika im heutigen Tunesien gelebt hat. Dort soll sie während der Christenverfolgung durch die Römer für ihren Glauben gestorben sein. Das war wohl um 300 herum. Mit Cornelia, die wahrscheinlich enthauptet wurde, fanden auch noch fünf ihrer Freundinnen und viele andere nordafrikanische Christen den Tod. Die Reliquien der Heiligen Cornelia befinden sich im Kornelimünster bei Aachen.

Der Name Cornelia kommt aus dem Lateinischen und bedeutet: die Starke.

Dagmar

24. Mai

Von Dagmar ist nicht viel überliefert worden. Sie war die erste Frau des Dänenkönigs Waldemar II. und lebte um 1200. Zu ihrer Zeit und unter der Regentschaft ihres Mannes ging es den Dänen gut. Kirche und Staat arbeiteten zum Wohl der Bürger zusammen. Erst später begannen, wie überall in der Welt, die Kämpfe um die Vormachtschaft. Wer sollte die höchste Gewalt haben: der Kaiser oder der Papst?
Diese Kämpfe aber hat die Königin Dagmar nicht mehr erlebt. Sie starb sehr jung am 24. Mai 1212 und wurde in der St. Bents-Kirche in Ringsted auf Seeland begraben. Später fand man in ihrem leeren Grab das Dagmarkreuz und brachte es nach Kopenhagen. Über den Verbleib ihrer Gebeine ist nichts bekannt. Erhalten geblieben ist von Dagmar aber ihr Ruf. Sie soll erfüllt gewesen sein von großer Gottes- und Nächstenliebe.

Der Name Dagmar kommt aus einer nordischen Sprache und bedeutet: der helle Tag.

Daniel

21. Juli

Daniela, Dean

Daniel war einer der großen Propheten des Alten Bundes und lebte etwa 600 Jahre vor Christi Geburt. Er stammte aus einer vornehmen Familie im Reiche Juda. Als Jugendlicher wurde er aus seiner Heimat nach Babylon entführt. Dort in Mesopotamien (heute Iran/Irak) mußte er am Hofe des heidnischen Königs Nebukadnezzar arbeiten. Dort sollte er eigentlich Sklavendienste tun, aber Davids Schönheit, seine Klugheit und sein Können brachten ihm bald eine ganz besonders einflußreiche Stellung am Hof ein. Er war nicht nur bei den Bediensteten überall beliebt. Der König selbst schätzte Daniels Weissagungen und seine Fähigkeit, Träume zu deuten, von der er immer wieder Gebrauch machte, sehr. Er machte den jungen Mann zu seinem Freund. Doch trotz seines Einflusses am Hof, vergaß Daniel nie seinen jüdischen Glauben, hielt die Gebräuche ein und wich nie von ihnen ab.

Damit aber kam er nach einiger Zeit in Konflikt mit Nebukadnezzar. Dieser verlangte, daß alle seine Untertanen, auch Daniel, die von ihm verehrten Götter anbeteten. Doch Daniel und zwei andere junge Männer aus Juda weigerten sich. Da ließ sie der König in einen glühenden Feuerofen werfen. Doch den mutigen Männern passierte nichts. Sie sangen mitten im Feuer einen Lobgesang, der noch heute gesungen wird: „Gepriesen seist du, o Herr, Gott unserer Väter!" Als Nebukadnezzar das sah und hörte, bekehrte er sich zum jüdischen Glauben und bat Gott um Verzeihung. Einige Jahre später wurde Darius neuer Herrscher in Babylon. Er stellte sich selbst als Gott dar und wollte von den Menschen angebetet werden. Doch Daniel weigerte sich standhaft und betete weiter zu seinem Gott. Da wurde Darius bitterböse und ließ den jungen Mann in eine Löwengrube werfen. Doch Daniel vertraute auf Gott – und ihm passierte wieder nichts. Die Löwen taten ihm nichts zuleide. Von da an wurde der Prophet im Land des Darius hoch verehrt. Er wurde sehr alt und verbrachte mehr als 70 Jahre, also sein ganzes Leben, in der Fremde.

Von Daniel erzählt im Alten Testament ein eigenes Buch der Bibel. Darin sind seine Weissagungen und Visionen niedergeschrieben.

Der Name Daniel kommt aus dem Hebräischen und bedeutet: Gott ist Richter.

Daniel ist der Patron der Bergleute. Er wird meist dargestellt als Jüngling in der Löwengrube.

David

29. Dezember

Die Geschichte von David kennen wir schon aus dem Alten Testament der Bibel. Sie ereignete sich etwa 1000 Jahre vor Christus. Das Volk der Juden war damals in großer Not.

Die Philister, ein feindliches Volk, lagen mit den Juden im Kampf. Einer der Philister, ein riesengroßer, starker Mann mit Namen Goliat, trieb es besonders schlimm mit ihnen: Tag für Tag trat er vor das Heereslager und verspottete die Juden und ihren Gott. Und immer wieder forderte er sie zum Kampf heraus. Doch die Juden trauten sich nicht an den Riesen heran.

Eines Tages besuchte David, ein kleiner Hirtenjunge, seine Brüder im Lager. Er war der jüngste von acht Söhnen seines Vaters Isai und ein besonders hübscher Bursche mit wunderschönen Augen und lockigem Haar. Auch David hörte das Spotten des Philister-Hünen. Er schämte sich sehr für die Feigheit seiner Brüder und beschloß: Dem Kerl werde ich es zeigen!

„Ich werde mit dem Riesen kämpfen!" verkündete er. Die jüdischen Krieger zögerten. Schließlich war David noch ein Kind. Wie könnten sie ihn kämpfen lassen? Doch was sollten sie tun? Sie konnten das Gespött der Philister und besonders des Riesen Goliat nicht länger ertragen. Also gaben sie David zögernd eine Rüstung. Doch der Junge war viel zu klein, um überhaupt in einer Rüstung zu laufen. Er dachte sich lieber eine List aus und hatte bald eine Idee.

David suchte sich fünf glatte Steine und nahm eine Schleuder aus seiner Hirtentasche. So ging David ohne Angst dem feindlichen Riesen entgegen, denn er fühlte, daß Gott bei ihm war. Als Goliat ihn sah, traute er seinen Augen nicht und dachte: „Dieser Zwerg will mit mir kämpfen! Und er hat nicht einmal eine Rüstung."

Doch bevor er seine Lanze gegen David schleudern konnte, hatte der Junge dem Riesen einen Stein an die Stirn geschleudert. Goliat stürzte zu Boden und David konnte ihn mit Leichtigkeit besiegen. Später wurde David König der Israeliten und war der bis heute bedeutendste König der Juden. Er eroberte Jerusalem und machte die Stadt zur Hauptstadt seines Reiches. Deshalb wird Jerusalem in der Bibel oft „Stadt Davids" genannt. David wohnte hoch über der Stadt in der Burg auf dem steilen Berg Sion. Aus seinem Hause ging später der Messias hervor, so wie Gott es verheißen hatte. Deshalb nennt man Jesus auch „Sohn Davids" oder „aus dem Hause Davids". David war ein hervorragender Zitherspieler und Sänger. Er dichtete viele Meisterwerke zur Ehre Gottes. Diese Psalmen werden noch heute gesungen und gebetet.

Der Name David kommt aus dem Hebräischen und bedeutet: Liebling, Geliebter.

David ist Patron der Sänger, Musiker, Dichter und Bergleute.

Dennis

9. Oktober

Denis, Denise, Dionysius

Wer den heute sehr beliebten Namen Dennis trägt, kann sich auf verschiedene Heilige mit dem Namen Dionysius berufen.

Am bekanntesten aber ist der heilige Dionysius von Paris. Dieser römische Bischof wurde im Jahre 250 vom Papst Fabian zusammen mit sechs anderen Bischöfen nach Gallien (heute Frankreich) geschickt, um dort das Evangelium zu verkünden. Er errichtete Kirchen in verschiedenen Städten, auch in der damals noch unbedeutenden Stadt Lutetia Parisiorum, dem heutigen Paris. Dort erlitt er während der schweren Christenverfolgung zusammen mit seinen Gefährten den Märtyrertod.

Die Legende des Heiligen erzählt, daß dieser nach seiner Enthauptung das abgeschlagene Haupt genommen und bis zu seiner Begräbnisstätte Saint Denis getragen habe. Noch heute erinnert eine der berühmtesten Kathedralen Frankreichs, Saint Denis bei Paris, an den Märtyrer und ersten Bischof von Paris.

Der Name Dionysius kommt aus dem Griechischen und bedeutet: der Gottgeweihte.

Dionysius ist der Patron der Schützen und einer der 14 Nothelfer. Er wird gegen Kopfschmerzen angerufen.

Wetterregel:
Regnet's an Sankt Dionys,
regnet's den ganzen Winter gewiß.

„Sprich nur dann, wenn du etwas Wertvolleres zu sagen hast als dein Schweigen."
Dionysius

Diana

10. Juni

Der Name Diana ist schon sehr alt und bezeichnet eine heidnische Gottheit. Diana wurde schon sehr früh von den Römern als Göttin der Jagd verehrt. Wir Christen gedenken am 10. Juni der **Diana Andalò,** die im 13. Jahrhundert in Italien lebte. Diese Diana soll mit Hilfe von Jordan von Sachsen das Agneskloster in Bologna (Norditalien) gebaut haben. Jordan von Sachsen war damals Ordensgeneral der Dominikaner. Im Agneskloster führte Diana deshalb aus Dankbarkeit die Regel der Dominikanerinnen ein.

Diana Andalò und Jordan von Sachsen waren einander in tiefer Freundschaft verbunden. Das geht aus etwa 50 Briefen hervor, die heute noch vorhanden sind.

Die tieffromme Oberin starb am 10. Juni 1236 in Bologna und wurde vom Volk bald als Heilige verehrt.

Dietrich und Dietmar

27. Januar und 28. September

Didi, Dieter, Dirk, Thilo, Till, Tim, Timo

Es gibt mehrere vorbildliche Männer, die die Namen Dietrich und Dietmar tragen. Stellvertretend können wir nur einige nennen.

Der Heilige **Dietrich von Orléans** war Benediktinermönch in Frankreich. Später wurde er Bischof von Orléans. Das aber brachte ihm Neid und Mißgunst ein. Das Volk liebte zwar seinen strengen, frommen Bischof, aber andere Neider wollten ihn vom Bischofsthron stürzen. Einer von ihnen, Odalrich, ließ sogar ein Attentat auf ihn verüben. Aber Dietrich überlebte und lud seinen Feind zu sich ein. Er tischte ihm ein festliches Mahl auf und erklärte anschließend, daß er auf sein Bischofsamt verzichtete. Die beiden Männer, einst Feinde, wurden zu engen Freunden. Froh, nicht mehr die Bürde des Bischofsamts tragen zu müssen, kehrte Dietrich in sein Benediktinerkloster zurück und lebte dort in aller Stille. Kurz vor seinem Tode wollte er noch eine Pilgerfahrt ins Heilige Land machen. Doch er kam nicht mehr in Jerusalem an. Auf dem Weg dorthin starb er am 27. Januar 1022. Sein Gedenktag ist der 27. Januar.

Der Heilige **Dietrich von Metz** wurde im Jahre 964 Bischof von Metz. Er war ein Freund von Kaiser Otto I. und Ratgeber für Otto II. Die Fertigstellung der Kathedrale von Metz, deren Bau von ihm begonnen worden war, hat Dietrich nicht mehr erlebt. Er starb am 7. September 984. Sein Gedenktag ist der 7. September.

Der Heilige **Dietrich von Minden** wurde 853 Bischof von Minden. In seiner Zeit fielen die heidnischen Normannen in Niedersachsen ein. In einer furchtbaren Schlacht am 2. Februar 880 schlugen sie in der Lüneburger Heide die christlichen Streitkräfte der Bischöfe von Minden und Hildesheim. Unter den Toten war auch Bischof Dietrich. Sein Gedenktag ist der 2. Februar.

Außerdem gedenkt die Kirche des Bischofs von Naumburg, **Dietrich I.**, eines Kirchen- und Klostergründers. Er wurde am 27. September 1150 in der Klosterkirche von Bosau ermordet. Sein Gedenktag ist der 27. September.

Dietrich von Theoreida war ein Zisterziensermönch, der in den baltischen Ländern missionierte. Im Sommer 1219 wurde er im Estland erschlagen. Sein Gedenktag ist der 29. April.

Dietmar von Salzburg war ein Mönch im berühmten Kloster Niederaltaich an der Donau, später Abt im Kloster St. Peter in Salzburg. Weil er von den Mönchen ein strenges, asketisches Leben forderte, wurde er von ihnen vertrieben. Er zog sich in das Kloster Hirsau zurück, wo er als einfacher Mönch genau in der Einfachheit leben konnte, wie sie die Salzburger Klosterbrüder nicht wollten. 1090 wurde Dietmar (auch Thiemo genannt) Erzbischof von Salzburg, geriet in einen Streit zwischen Papst und Kaiser und wurde von seinem Gegenbischof Berthold von Moosburg gefangengenommen. Er konnte fliehen und nahm aus Dankbarkeit an einem „Kreuzzug" ins Heilige Land teil. Bei dem Versuch, das Land von den Moslems zu befreien, wurde Dietmar gefangengenommen, gefoltert und schließlich getötet.

Das war am 28. September 1102. Sein Gedenktag ist der 28. September.
Am 18. Juli gedenkt die Kirche des **Dietmar von Osnabrück.** Der kluge und fromme Bischof schrieb mit eigener Hand etwa fünfzig Bücher ab, die er der Bibliothek seines Domes vermachte. Dietmar starb, im Alter erblindet, im Jahre 1023.

Die Namen Dietrich und Dietmar kommen aus dem Althochdeutschen und bedeuten:
im Volk mächtig,
im Volk berühmt.

Dominikus

8. August
Dominik, Dominika, Dominique, Nicki

Dominikus lebte in einer sehr unruhigen Zeit. Er wurde 1170 in einer vornehmen Adelsfamilie in Kastilien (Spanien) geboren. Der Junge bekam eine hervorragende Schulbildung. Schon während seiner Schulzeit kümmerte er sich um arme Mitmenschen. So verkaufte er einmal alle seine Bücher, auch die, die er für sein Studium brauchte, um damit Lebensmittel zu kaufen. Damals litt Spanien nämlich unter einer Dürrekatastrophe. „Ich kann nicht in toten Büchern lesen, wenn lebendige Menschen verhungern!" begründete er diese ungewöhnliche Aktion.

Später studierte Dominikus Philosophie und Theologie. Eine große Karriere lag vor ihm. Als Priester kam er auf einer Reise nach Rom durch Südfrankreich. Er war tief erschrocken über den religiösen Wirrwarr und die Irrlehren, die dort verbreitet wurden. Also bat er den Papst in Rom um Erlaubnis, in diesem unruhigen Land die wahre Lehre Christi verbreiten zu dürfen. Zusammen mit seinem Freund, dem Bischof Diego, zog er los, um das Evangelium zu verkünden. Er wurde berühmt durch seine Redekunst. Aus dieser Arbeit heraus gründete er schließlich 1215 eine Gemeinschaft von Predigern, die sich besonders der religiösen Unterweisung und der Bekämpfung von Irrlehren widmen sollte.

Die Brüder dieses Predigerordens, der sich auch den Regeln der Armut des heiligen Franziskus unterwarf, nannten sich nach ihrem Gründer Dominikaner. Sie zogen von Südfrankreich aus durch ganz Europa bis nach Ungarn und Skandinavien.

Noch heute genießen die Dominikaner hohes Ansehen. Später entstanden auch Frauenklöster im Sinne des heiligen Dominikus. Der Ordensgründer starb während einer Missionsreise in der norditalienischen Stadt Bologna, wo er auch begraben wurde. Über seinem Grab erhebt sich heute die Kirche S. Domenico. Sein Todestag ist der 6. August 1221.

Der Name Dominikus kommt aus dem Lateinischen und bedeutet: dem Herrn gehörig, ein Mann Gottes.

Der heilige Dominikus ist der Schutzpatron des Dominikanerordens, der Schneider und Näherinnen und wird um Hilfe bei Fieberkrankheiten angebetet.

Dorothea

6. Februar

Dora, Doris, Dorit, Doria, Dorle, Dorothée, Dorthe, Dörthe, Thea

Dorothea wurde um 290 in der Stadt Kaisaria in Kleinasien (heute Türkei) geboren. Ihr Vater Dorus war dort ein angesehener Mann. Der Statthalter der Römer, Capricius, wollte Dorothea gern heiraten. Doch sie weigerte sich. Denn Dorothea war heimlich Christin, Capricius aber ein Heide. Das Christentum war zu dieser Zeit, als in Rom Kaiser Diokletian herrschte, streng verboten. Capricius

versuchte, Dorothea von ihrem Glauben abzubringen. Doch das gelang ihm nicht. Dorothea war mit ganzem Herzen Christin. Da brachte sie Capricius, dessen Liebe in Haß umgeschlagen war, vor den Richter. Auch hier verteidigte Dorothea mutig ihren Glauben und wurde zum Tode verurteilt. Ihre Enthauptung wurde zu einem öffentlichen Schauspiel. Als Dorothea die gaffende Menge sah, rief sie aus: „Ich bin froh, in ein anderes Land gehen zu dürfen, in dem es nur Freude, Schönheit und immerwährende Liebe gibt." Da verhöhnte sie ein junger Mann: „Schicke mir doch Rosen und Äpfel aus deinem Paradies!" Die Legende erzählt, daß eines Tages ein Junge mit einem Korb voller Rosen und Äpfel und einem Gruß von Dorothea zu eben jenem Mann gekommen sei. Dieser fühlte sich davon so betroffen, daß er sich taufen ließ und später sogar den Martertod gestorben sei.

Der Name Dorothea kommt aus der griechischen Sprache und bedeutet: Gottesgeschenk.

Dorthea wird als Patronin von den Wöchnerinnen, den Blumengärtnern und Blumenhändlern verehrt.

Wetterregel:
Sankt Dorothée
bringt den meisten Schnee.

Edith

9. August und 16. September

Edda

Wer Edith heißt, kann sich auf zwei ganz vorbildliche Frauen berufen, auf die heilige Edith, die im 10. Jahrhundert gelebt hat oder auf Edith Stein, eine tapfere Frau unserer Zeit, die 1987 seliggesprochen wurde.

Edith Stein wurde 1891 in Breslau geboren. Ihre Eltern waren jüdische Holzhändler und streng religiös. So erzogen sie auch ihre Tochter. Die hochintelligente Edith löste sich aber schon mit 13 Jahren vom jüdischen Glauben, um als Atheistin aufzuwachsen. Als junge Frau studierte sie Philosophie in Breslau und Göttingen und machte ihren „Doktor". Einige Jahre blieb sie als Assistentin an der Universität und bekam während dieser Zeit die Biographie der großen Heiligen Theresia von Avila in die Hände. Tief beeindruckt vom Leben dieser Frau trat Edith Stein nach langem Nachdenken zum katholischen Glauben über. 1922 ließ sie sich taufen. Zunächst arbeitete sie dann als Lehrerin in Speyer. Sie wurde bald aber auch außerhalb ihres Berufes bekannt als scharfsinnige Denkerin und begabte Referentin.

So erreichten sie immer wieder Einladungen aus dem In- und Ausland zu Vorträgen über das Thema „Bildung der Frau". 1932 bekam sie einen Lehrauftrag in München, den man ihr aber schon 1933 wieder entzog, aus politischen Gründen. Schon damals begann, was für Edith Stein neun Jahre später mit dem Tode enden sollte: die Verfolgung durch die Nazis. Edith ging von München nach Köln, um sich ihren größten Wunsch zu erfüllen. Sie wollte Klosterschwester werden. Im Karmel-Kloster wählte sie im Andenken an die Heilige Theresia ihren Ordensnamen: Theresia Benedicta a Cruce, auf deutsch: Theresia, die durch das Kreuz gesegnet wurde. Nach fünf Jahren Klosterleben setzte die entsetzliche Judenverfolgung in Deutschland ein. Die Karmelschwester flüchtete nach Holland in den Karmel von Echt. Dort wurde sie 1942 von der Geheimen Staatspolizei (Gestapo) verhaftet, nachdem die Nazis auch Holland besetzt hatten. Die Schwester wurde in das Vernichtungslager Auschwitz verschleppt. Dort ist sie am 9. August 1942 qualvoll in der Gaskammer umgekommen. Bei seinem Deutschlandbesuch wurde Edith Stein am 1. Mai 1987 von Papst Johannes Paul II. seliggesprochen. Ihr Gedenktag ist der 9. August.

Von der heiligen **Edith von England** ist uns nicht sehr viel überliefert. Sie soll um 965 herum als Tochter König Edgars und einer adligen jungen Frau namens Wilfrida geboren sein. Wilfrida ging in ein Kloster und nahm ihre kleine Tochter mit. Obwohl ihr Vater dagegen war, trat Edith später selbst als Nonne in dieses Kloster ein. Nach dem Tode des Vaters bestürmte man die Tochter, Königin zu werden. Doch wie schon früher die Mutter, so lehnte auch Edith ab. Sie wollte lieber als Ordensschwester für die Armen und Kranken sorgen. Edith wurde nur 33 Jahre alt. Sie starb am 16. September 984 in Wilton. Ihr Grab wurde das Ziel vieler Wallfahrer, die die fromme Frau schon früh als Heilige verehrten.

Der Name Edith bedeutet: die für den Besitz Kämpfende.

Elisabeth

19. November

Alice, Bella, Bettina, Betty, Elke, Ella, Elsa, Elsbeth, Ilse, Isabella, Isabelle, Laila, Lea, Leila, Lia, Lilly, Lisa, Lisbeth, Lissy, Lizzy, Luise

Elisabeth war die Tochter des Königs Andreas II. von Ungarn und seiner Frau Gertrud von Andechs. Aus politischen Gründen brachte man die fünfjährige Elisabeth von Ungarn auf die Wartburg bei Eisenach in Thüringen und verlobte sie mit dem zehnjährigen Ludwig von Thüringen. Zusammen wurden die beiden Kinder auf der Wartburg erzogen, fröhlich und unbekümmert wuchsen sie auf. Elisabeth lernte die fremde Sprache und das Leben am Hof, lernte tanzen und reiten. Ludwig heiratete Elisabeth im Jahre 1221, als diese gerade 16 Jahre alt war. Nach einer prunkvollen Hochzeit führten sie eine glückliche Ehe, auch wenn Elisabeth so gar nicht den Vorstellungen des Adels in der damaligen Zeit entsprach. Die Mutter von drei Kindern konnte das Leben in Saus und Braus, das bei Hofe geführt wurde, nicht ertragen. Dazu wußte sie viel zu viel von der Armut in ihrem Volke.

Statt um pompöse Feste kümmerte sich Elisabeth um die Armen und Kranken und verschenkte einen Großteil ihres Vermögens. Ihre Schwiegermutter Sophie und die Schwägerin Agnes waren entsetzt über das Benehmen Elisabeths, als diese sich weigerte, mit ihrer Krone zur Kirche zu gehen. Ist das wirklich die richtige Frau für unseren Ludwig? So fragten sich viele am Hofe. So sehr das Volk sie liebte, so sehr haßten und verachteten sie die Adligen und Ritter. „Sie verschwendet dein ganzes Hab und Gut!" flüsterten die neidischen Verwandten ihrem Mann Ludwig zu. Der aber hielt immer zu seiner Frau und entgegnete: „Wenn sie mir nur nicht die Wartburg verschenkt, bin ich's wohl zufrieden."

Die Legende erzählt uns aus dieser Zeit auch vom Rosenwunder. Elisabeth wollte einmal ihr letztes Brot den Armen geben und trug es in einem Korb vom Schloß ins Tal hinunter. Ihr Schwager folgte ihr und wollte wissen, was im Korb sei. Da deckte Elisabeth das Tuch auf und im Korb waren lauter Rosen.

Ein anderes Mal war Ludwig beim Reichstag in Cremona. Da eine große Hungersnot im Lande wütete, ließ Elisa-

beth die Kornspeicher öffnen, das Getreide verteilen und gab auch ihren Schmuck her. Als sich die Verwalter bei der Rückkehr des Landesherrn über die Verschwendung seiner Frau beschwerten, antwortete er wieder: „Laßt sie Gutes tun und für Gott geben, was sie mag!"

Doch dann kamen schwere Zeiten für Elisabeth. Ihr geliebter Mann starb viel zu früh bei der Vorbereitung eines Kreuzzugs nach Jerusalem. Jetzt hatte Elisabeth nichts mehr zu lachen. Die mißgünstigen Verwandten jagten die junge Witwe mit ihren drei Kindern völlig mittellos von der Wartburg. Mitten im Winter! Elisabeth war gerade 20 Jahre alt. Sie, die immer für die Armen gesorgt hatte, lebte jetzt selbst in großer Armut. Erst als sich Elisabeths Beichtvater für sie einsetzte, zahlte ihr Ludwigs jüngerer Bruder eine bescheidene Abfindung. Dieser Heinrich Raspe hatte nach dem Tod Ludwigs die Macht auf der Wartburg an sich gerissen.

Mit diesem Geld ließ Elisabeth in Marburg ein Krankenhaus bauen, das sie nach dem heiligen Franziskus nannte, dem sie sich im Sinne der Nächstenliebe tief verbunden fühlte. Sie pflegte darin selbst die Kranken ohne Rücksicht auf ihre eigene Gesundheit.

Elisabeth starb schon mit 24 Jahren. Viele der von ihr gesundgepflegten Armen und Kranken standen an ihrem Totenbett. Am 19. November 1231 wurde sie in ihrem Franziskus-Hospital begraben. Bereits vier Jahre später hat Papst Gregor IX. Elisabeth heiliggesprochen. Ihr zu Ehren wurde eine der bedeutendsten frühgotischen Kirchen errichtet. In der Elisabethkirche in Marburg befindet sich heute auch die Grabstätte der Heiligen, der Elisabethschrein. Er ist über und über mit Edelsteinen besetzt und zeugt von der großen Verehrung der Heiligen.

Der Name Elisabeth ist hebräisch und bedeutet: die Gott verehrt, Gott ist mein Schwur, Gott ist die Vollkommenheit.

Elisabeth ist Patronin der Caritas, der Witwen und Bettler, der Bäcker. Sie ist eine Nichte der heiligen Hedwig von Schlesien.

Wetterregel:
Sankt Elisabeth sagt es an,
was der Winter für ein Mann.

„Ich habe euch doch gesagt, man muß die Menschen nur froh machen!"
Elisabeth von Thüringen

Erich

10. Juli

Erik, Erika

Erich IX. regierte schon als junger König im 12. Jahrhundert das große Land Schweden. Berühmt wurde er für seine Nächstenliebe, Gerechtigkeit und Frömmigkeit. So war sich der König nicht zu schade, selbst zu den Armen und Kranken zu gehen. Er erhob nicht, wie damals üblich, Abgaben von seinen Untertanen, sondern lebte zufrieden von seinem Erbe, von dem er auch noch einige Kirchen bauen ließ.

Der christliche König von Schweden aber war nicht glücklich mit seinen Landesnachbarn auf der anderen Seite der Ostsee. Die heidnischen Finnen brachen immer wieder in sein Land ein und brandschatzten die Dörfer. Alle Versuche, in Finnland zu missionieren, scheiterten. Die Finnen brachten alle Missionare um. Erst ein Kreuzzug, den Erich zusammen mit Bischof Hendrik unternahm, besiegte die Finnen. Von nun an konnte Erich Missionare nach Finnland schicken. Allerdings waren sie auch nach der Niederlage des Volkes dort nicht sonderlich erfolgreich. Nur wenige Finnen traten dem christlichen Glauben bei.

Erich selbst kümmerte sich weiter um sein eigenes Volk und wurde dort geliebt und verehrt. Doch ein altes Sprichwort sagt: Es kann der Frömmste nicht in Frieden leben, wenn es dem bösen Nachbarn nicht gefällt. So erging es auch Erich. Magnus, der Sohn des Dänenkönigs, zettelte eine Verschwörung in Schweden an, um dort selbst an die Macht zu kommen. Es kam zum Kampf. Am 18. Mai 1160 fiel Erich in der Nähe der Stadt Uppsala. Hier ruhen auch seine Gebeine hinter dem Hochaltar des Domes in einem prachtvollen Reliquienschrein.

Manche Menschen feiern den Gedenktag des Heiligen Erich an seinem Todestag, dem 18. Mai. In der katholischen Kirche wurde der Festtag offiziell auf den 10. Juli verlegt, an dem man noch zwei weiteren nordischen Heiligen gedenkt: dem Märtyrer Knud von Dänemark und Olaf von Norwegen.

Der Name Erich bedeutet: reich an Ehre.

Der heilige Erich ist der Nationalheilige der Schweden.

Eva

24. Dezember

Elvira, Evi, Eveline, Evelyne, Evita, Eva-Maria, Frauke

Am 24. Dezember feiert die Kirche nicht nur die Geburt Jesu, sondern auch ihre Ureltern Adam und Eva. Wer einen Namen trägt, der auf die Stamm-Mutter Eva zurückgeht, hat an diesem Tag Namenstag.

Das Alte Testament berichtet uns in seiner Schöpfungsgeschichte von Adam und Eva. Gott hatte die Welt, die Pflanzen und Tiere erschaffen und seine Freude daran. Dann schuf Gott das allerschönste Geschöpf, den Menschen: Adam. Doch Adam fühlte sich einsam. Er sehnte sich nach einer Gefährtin. Da schenkte Gott dem Adam eine Frau, damit er nicht mehr so allein sei. Mit ihr, Eva, war Adam sehr glücklich. Und Adam und Eva versprachen Gott, ihn stets zu lieben und ihm zu gehorchen. Doch schon bald brachen sie dieses Versprechen. Eva ließ sich von einer Schlange verführen, und aß einen Apfel vom Baum der Erkenntnis. Auch Adam gab sie davon. Das aber hatte Gott ihnen verboten.

Als den Menschen klar wurde, was sie getan hatten, schämten sie sich sehr und versuchten, sich zu verstecken. Doch Gott wußte längst, daß ihm die Menschen nicht gehorcht hatten. Er wollte sie nicht mehr in seiner Nähe haben und schickte sie fort. Von da an mußten sie hart arbeiten, um sich ihr Leben zu verdienen. Aber Gott verzieh Adam und Eva. Als Zeichen seiner Güte schenkte er ihnen viele Kinder. Schließlich schickte er sogar seinen eigenen Sohn auf die Welt, um die Menschen guten Willens zu retten.

Der Name Eva kommt aus dem Hebräischen und heißt soviel wie: Mutter allen Lebens.

Adam und Eva werden verehrt als Patrone der Gärtner und Schneider.

Fabian

20. Januar
Fabiola

Fabian war von 236 bis 250 Papst in Rom. Als einer der ersten Päpste kümmerte er sich um die Organisation der Kirche. So teilte er Rom, damals schon Millionenstadt, in sieben Bezirke auf, die je von einem selbständigen Diakon verwaltet wurden. Während Fabians Amtszeit kam es zu einer großen Verfolgungswelle der Christen ausgelöst durch den grausamen Kaiser Decius (249–251). Papst Fabian wurde angezeigt und von den Henkern des Königs aufgefordert, seinem Glauben abzuschwören. Weil Fabian mutig zu seinem Glauben stand, wurde er am 20. Januar 250 hingerichtet. Christliche Anhänger begruben seinen Leichnam in den Calixtus-Katakomben. Erst im Jahr 1915 fand man dort seinen Sarkophag.

Der Name Fabian ist lateinisch und bedeutet: aus dem Geschlecht der Bohnenanbauer, der Fabier.

Fabian ist der Patron der Töpfer und Zinngießer. Da am 20. Januar auch der Gedenktag des Heiligen Sebastian gefeiert wird, wird Fabian oft zusammen mit diesem Heiligen genannt und dargestellt.

Wetterregeln:
An Fabian und Sebastian
fängt der rechte Winter an.

Sonniger Fabian
läßt dem Bauer das Futter ausgahn.

Felix

11. September, 18. Mai oder 14. Januar

Felicitas, Felizitas

Felix, der Glückliche, war schon in alter Zeit ein beliebter Beiname. Deshalb gibt es verschiedene Heilige mit diesem Namen.

Um 300 etwa lebte in Zürich ein Geschwisterpaar, **Felix** und **Regula**, die während der Christenverfolgung unter Maximilian den Märtyrertod erlitten. Über ihrem Grab entstand eine Kapelle, später das Großmünster von Zürich. Die Geschwister Felix und Regula sind auch die Stadtpatrone von Zürich. Ihr Gedenktag ist der 11. September.

Felix von Cantalice in Italien war der Sohn armer Bergbauern, der die Schule kaum gesehen hatte. Statt dessen mußte er als Kind die Schafe seines Vaters hüten. Mit zwölf Jahren kam er als Viehhirte zu einem Gutsbesitzer. Wie durch ein Wunder entging er damals dem Tode, als sich zwei kämpfende Stiere auf ihn stürzten. Da beschloß Felix, sein Leben Gott zu weihen. 1543 trat er als Laienbruder in den Kapuzinerorden ein. Über 40 Jahre lang sammelte er Almosen und erhielt wegen seiner Dankesworte „Deo gratias" (= Dank sei Gott) den Beinamen „Bruder Deogratias". Felix war mit den gelehrten Kirchenmännern Karl Borromäus und Philipp Neri befreundet. Bekannt von ihm sind seine Demut, seine große Geduld, seine liebenswürdige Freundlichkeit und sein Humor. Mit großer Hingabe betreute der Kapuzinerbruder Kranke und half Notleidenden. Und wenn der Almosensammler sich in den Straßen von Rom einen Weg durchs Gedränge bahnen mußte, sagte er fröhlich: „Platz bitte! Platz für den Esel aus dem Kapuzinerkloster." Im Alter von 72 Jahren starb Felix am 18. Mai 1587 in Rom. Der 18. Mai ist auch sein Gedenktag. Papst Klemens XI. sprach den „Bruder Deogratias" 1712 heilig.

Ein anderer Heiliger mit diesem Namen, **Felix von Nola,** war im 3. Jahrhundert Priester in Italien. Er stammte aus einem reichen Elternhaus in Nola, einer Stadt östlich von Neapel. Nach dem Tod der Eltern hatte Felix aber sein Erbe an die Armen verteilt und sich zum Priester weihen lassen. Als Priester hatte Felix unter der Christenverfolgung zu leiden

und wurde vom römischen Kaiser Decius zum Tode verurteilt. Doch Felix konnte fliehen und sogar noch den Bischof von Nola, seinen Freund, retten. Felix von Nola versteckte sich in den Bergen, in Höhlen und ausgetrockneten Brunnen. Einmal, so erzählt eine alte Legende, zogen Spinnen ein so dichtes Netz über ein Versteck des Heiligen, daß die Soldaten den Gesuchten nicht entdeckten. Viele Male konnte er seinen Häschern buchstäblich erst im letzten Moment entkommen. Erst als ein anderer Kaiser auf den Thron kam, kehrte Felix zurück nach Nola, um wieder als Priester zu arbeiten. Das Angebot, nach dem Tod seines Freundes Bischof von Nola zu werden, lehnte er ab. Er wollte als einfacher Priester seiner Gemeinde dienen. Felix starb um das Jahr 260 herum. Sein Gedenktag ist der 14. Januar.

Der Name Felix ist lateinisch und bedeutet: der Glückliche.

Florian
4. Mai

Der heilige Florian lebte zur Zeit der Christenverfolgung durch den römischen Kaiser Diokletian in Oberösterreich. Florian, um 190 geboren, war getauft und wurde christlich erzogen. Dennoch stieg er zum höchsten Beamten des römischen Statthalters Aquilinus der Provinz Norikum auf. Das ist das heutige Ober- und Niederösterreich.

Als Christ wollte Florian den verfolgten Christen in seiner Heimat helfen. Bei dem Versuch, vierzig christliche Kameraden zu retten, wurde er selbst als Christ erkannt. Der römische Statthalter ließ Florian anklagen und grausam foltern. Trotzdem wich der mutige Mann nicht von seinem Glauben ab. Schließlich hängte man ihm einen Mühlstein um den Hals und stürzte ihn in einen reißenden Fluß.

Das passierte in der Stadt Lorch auf der Brücke, die über die Enns führt.

Die Legende erzählt, daß der Leichnam Florians auf einen Felsen gespült wurde. Dort bewachte ihn ein Adler so lange, bis ihn die Witwe Valeria fand und auf ihrem Gut bestattete. Später errichteten die Passauer Bischöfe an dieser Stelle das berühmte Stift St. Florian und eine Kirche.

Der Name Florian kommt aus dem Lateinischen und bedeutet: der Blumenreiche.

Florian ist Schutzpatron von Oberösterreich, der Feuerwehr, der Bierbrauer und Kaminkehrer. Er wird als Nothelfer gegen die Wasser- und Feuergefahr angebetet. Am Florianstag überprüfen Hausväter und die Gemeinde Blitzableiter, Feuerlöscher und Wasserspritze. Das ist oft auch ein Fest für und mit der Freiwilligen Feuerwehr. Nach ihm nennt man die Feuerwehrleute auch Floriansjünger.

Wetterregel:
Der Florian, der Florian
noch einen Schneehut setzen kann.

Franz von Assisi

4. Oktober

Franziskus, Frank

Franz von Assisi ist sicherlich einer unserer beliebtesten und bekanntesten Heiligen. Er lebte vor 700 Jahren in Norditalien. Sein Vater ist ein reicher Kaufmann in Assisi, seine Mutter eine Französin. Deshalb ruft der Vater seinen kleinen Sohn, der eigentlich Johannes heißt, „Französlein", Francesco, Franziskus. Diesen Sohn lieben die Eltern über alles. Später soll er mal das Stoffgeschäft seines Vaters übernehmen. Aber bis dahin, so wünschen es Vater und Mutter, soll der Junge unbeschwert und fröhlich aufwachsen, soll sich austoben und Spaß am Leben haben.

Schon als Junge genießt Franz den Reichtum und Luxus seiner Eltern. Er ist ein aufgeschlossenes, wildes Kind, das mit seinen Freunden durch die Gegend um Assisi herumzieht. Dabei spielen sie am liebsten Ritter, kämpfen und prügeln sich mit ihren selbstgebastelten Holzschwertern.

Als Franz dem Vater erklärt, daß er später Ritter werden will, lacht dieser ihn aus: „Du wirst unser Tuchgeschäft übernehmen und ein angesehener Kaufmann werden, noch reicher und mächtiger als ich!" erklärt er dem Sohn. Trotzdem schenkt er ihm eine echte Ritterrüstung und ein Schwert. Denn diesem Jungen kann er keinen Wunsch abschlagen. Auch als junger Mann lebt Franz mit seinen Freunden vom Geld des Vaters in Saus und Braus. Viele Leute fürchten die Bürgerschrecks, die nachts lärmend durch die Straßen der Stadt ziehen. Aber immer, wenn es Schwierigkeiten gibt, hilft ihm sein Vater und verteidigt ihn: „Franz soll sich jetzt austoben, dann wird er später ein ruhiger und tüchtiger Erwachsener!"

Doch eines Tages wird das Leben auch für Franz und seine Freunde ernst. Das Ritterspiel hat ein Ende, sie müssen als echte Ritter in den Krieg ziehen. Franz wird schwer krank und gerät in Gefangenschaft. Ein ganzes Jahr lang wird er in der Stadt Perugia eingekerkert. Hier hat der verwöhnte Sohn des Tuchhändlers Zeit, über sein bisheriges verschwenderisches Leben nachzudenken. Und er beschließt, sich zu bessern. Mit einem hohen Lösegeld kaufen ihn seine Eltern frei. Als er nach Hause kommt, ist Franz total verändert. Der Krieg, die Gefangenschaft und die Krankheit haben ihn nachdenklich gemacht. Er erkennt, daß sein früheres Leben Gott nicht gefällt und ändert sich total. Er, der Sohn des reichen Kaufmanns, zieht eine braune Kutte an und geht zu den Armen und Aussätzigen. Er verschenkt sein Geld und pflegt Kranke. Sein Vater ist entsetzt. Er hat kein Verständnis für diesen Sohn und versucht vergeblich, ihn umzustimmen. Doch Franz geht zielstrebig seinen Weg. Der Vater beschwert sich beim Bischof über Franz, schließlich erklärt er ihn für verrückt und enterbt und verstößt ihn.

Da wendet sich Franz noch mehr seinem Vater im Himmel zu, denn er weiß, daß Gott alle Menschen liebt. In seinem braunen Wollkittel mit Kapuze zieht er durch die Gegend, bettelt um Brot für Arme und Kranke, baut verfallene Kirchen und Kapellen wieder auf und erzählt von Jesus. Junge Leute folgen ihm und seinem Beispiel. Vor den Toren der Stadt Assisi gründen sie eine kleine Gemeinschaft, den Orden der Franziskaner. Vom Papst erhält Franziskus die Erlaubnis, arm zu sein und das Wort Gottes zu predigen. Immer mehr Menschen wollen leben, wie Franz es ihnen vorlebt: in fröhlicher Armut. Weitere Orden entstehen.

Wenn Franz die Arbeit und Leitung dieser Gemeinschaften zu schwer wird, zieht er sich zurück in die Natur, zu den Pflanzen und Tieren, die er als seine Brüder und Schwestern betrachtet. Und er singt ihnen vor: „Lobet Gott, ihr Tiere des Waldes, ihr Vögel, meine Brüder!" Und die scheuen Tiere hören ihm zu. In herrlichen Lobgesängen preist er Gottes Schöpfung. Noch heute wird dieser „Sonnengesang" des Franziskus auf der ganzen Welt gesungen. Damals aber schüttelten viele Menschen den Kopf über die Torheiten von „il Poverello", was „der kleine Arme" bedeutet.

In Fröhlichkeit die Armut ertragen, heißt ein Motto von Franz. Und diesem Motto bleibt er treu bis zu seinem Tod. Singend und betend stirbt er 1226 mit 44 Jahren in der Nähe von Assisi an einer schweren Krankheit. Er wird in Assisi begraben und schon zwei Jahre nach seinem Tod von Papst Gregor IV. heiliggesprochen.

Der Name Franziskus ist lateinisch und bedeutet: der Freie, der Franke oder das Französlein.

Franz von Assisi ist der Patron der Armen, der Kaufleute und Weber und der Hauptpatron Italiens.

Auch wer Franziska heißt, kann sich auf Franz von Assisi berufen. Es gibt aber auch eine heilige Franziska (9. März). Neben Franz von Assisi gibt es noch Franz von Sales (24. Januar), Franz Xaver (3. Dezember), Franz von Borgia (10. Oktober) und Franz von Paola (2. April).

„Alle Brüder sollen unserem Herrn Jesus Christus in seiner Demut und Armut nachfolgen. Und sie sollen daran denken, daß wir von der ganzen Welt nichts brauchen – außer, wie der Apostel sagt, Nahrung und Kleidung: damit wollen wir zufrieden sein."
Ordensregel des Franziskus

Aus dem Sonnengesang des Franziskus:
Sei gelobt, mein Herr,
mit all deinen Kreaturen.
Sonderlich
mit der hohen Frau,
unserer Schwester,
der Sonne,
die den Tag macht
und mit ihrem Licht
uns leuchtet.

Franziska von Rom

9. März

Fanny, Fränzi

Die heilige Franziska wurde 1384 als Tochter der adligen Familie de Buscis in Rom geboren. Mit elf Jahren wollte das Mädchen in ein Kloster eintreten. Das erlaubten ihr die Eltern jedoch nicht. Stattdessen verheirateten sie die Tochter bald darauf mit dem adligen Lorenzo de Ponziani. 40 Jahre lang lebte sie mit ihrem Mann in vorbildlicher christlicher Ehe. Sie wurde eine treusorgende Mutter von sechs Kindern. Doch den Gedanken an eine klösterliche Gemeinschaft gab sie auch während dieser Zeit nicht auf. 1425 gründete Franziska eine Gemeinschaft von Benediktinerinnen. Ihr Ziel: Sich gemeinsam der Nächstenliebe zu widmen. Diesen Schwestern fühlte sich Franziska stark verbunden. Als ihr Mann 1436 starb, übernahm die Witwe die Leitung des Ordens.

Franziska galt als außerordentliche Persönlichkeit. Ihr ganzes Leben drehte sich um die Hilfe- und Ratsuchenden. Sie starb am 9. März 1440 in Rom und wurde in der Kirche Santa Maria Nuova begraben. 1608 wurde Franziska heiliggesprochen und die Kirche, ihre Grabstätte, nach ihr benannt: S. Francesca Romana. Papst Pius XI. ernannte die Heilige neben Christophorus (24. 7.) und Elias (20. 7.) zur Schutzpatronin der Autofahrer. Wer Franziska heißt, kann sich aber auch auf den Heiligen Franz von Assisi (4. 10.) berufen.

Der Name Franziska kommt aus dem Lateinischen und bedeutet: die Freie.

Franziska ist Schutzpatronin der Autofahrer und Frauen.

Friedrich

8. Juli

Fred, Freddy, Frederik, Frieda, Friedel, Friedhelm, Friederike, Fridolin, Fritz

Der heilige Friedrich war Bischof von Utrecht in Holland. Der Sohn adliger Eltern lebte im 8./9. Jahrhundert, in einer Zeit, in der die Kirche mit vielen Irrlehrern zu kämpfen hatte. Friedrich hatte wahrscheinlich die Utrechter Domschule unter Gregor von Utrecht besucht und alle Fähigkeiten erworben, die ein Missionar in dieser stürmischen Zeit brauchte. Nach der Priesterweihe schickte ihn Bischof Ricfrid von Utrecht als Missionar nach Nordfriesland, das damals noch in großen Teilen heidnisch war. 820 wurde Friedrich Bischof von Utrecht, ruhte sich aber nicht aus auf seinem Bischofsstuhl. Im Gegenteil: Er ging wieder als Missionar nach Friesland und wurde als unerschrockener Prediger bekannt. Sein Mut ging so weit, daß er sogar der zweiten Frau des Kaisers Ludwig des Frommen ihr sündiges Leben vorhielt. Die Geschichte berichtet, daß diese Frau, Judith, ihn dafür habe ermorden lassen. Das ist aber heute nicht mehr einwandfrei festzustellen. Sein Todestag soll der 18. Juli um 835 herum gewesen sein.

Der Name Friedrich heißt Friedensfürst.

Gabriel

29. September

Gabriela, Gabriele, Gabi, Gaby, Gabor

Am 29. September feiert die Kirche das Fest der drei Erzengel Michael, Gabriel und Raphael. Das Andenken an Gabriel wird bei uns besonders in den Frauennamen lebendig, die auf Gabriele zurückgehen. Die Bibel berichtet uns von Engeln als Mittler zwischen Gott und den Menschen, als Boten Gottes, als Verkünder und Vollstrecker des göttlichen Willens.

Der Engel Gabriel ist der Verkündigungsengel. Er kommt als Bote Gottes zu Zacharias, Joachim, Josef, Maria, den Hirten und den drei Königen. Die wichtigste Begegnung zwischen Gabriel und einem Menschen aber war zweifellos die Verkündigung bei Maria. Maria, eine junge Frau, wohnte in Nazaret. Sie war verlobt mit dem Zimmermann Josef. Eines Tages erschien der Engel Gabriel bei Maria und sprach: „Du wirst einen Sohn bekommen und ihn Jesus nennen. Er wird König werden wie sein Urvater David, aber ein König für immer!" Maria bekam Angst und sagte: „Das ist nicht möglich. Ich bin doch nicht verheiratet!" Und der Engel Gabriel antwortete: „Dein Kind wird von Gott kommen und deshalb wird es Sohn Gottes genannt werden!" Maria fiel auf die Knie und sagte: „Ich bin die Dienerin des Herrn. Es soll geschehen, so wie Gott es will!" Und der Engel verschwand.

Der Name Gabriel kommt aus dem Hebräischen und bedeutet: Mann Gottes, Gottesstreiter, Gott ist stark.

Gabriel ist der Patron der Boten, Postboten, Zeitungsausträger, des Fernmelde- und Nachrichtendienstes und der Briefmarkensammler.

Georg

23. April

Jürgen, Jörg, Jörn, Georgia, Georgine

Aus dem Leben des Heiligen Georg ist nicht viel bekannt. Aber die Legende berichtet vom Kampf des Ritters Georg mit einem Drachen. Damit rettete er ein unschuldiges Mädchen, das dem Drachen geopfert werden sollte. Gleichzeitig ist der Drachen auch das Sinnbild des Bösen, der Versuchung und des Teufels. Georg, ein Sohn aus einer angesehenen Familie, wurde als Kind christlich erzogen. Er lebte in Kappadokien, in der heutigen Türkei. Er trat später in den Dienst des Kaisers Diokletian ein. Hier zeichnete er sich als besonders tapferer Ritter aus und hatte eine hohe Stelle in der Armee. Er galt als besonderer Vertrauter des Kaisers. Schließlich begann die grausame Christenverfolgung. Auch Ritter Georg bekannte sich zu seinem Glauben. Der Aufforderung des Kaisers, vom Christenglauben abzulassen, folgte Georg nicht. Wie viele seiner Glaubensbrüder und -schwestern in jener Zeit wurde Georg gefoltert und hingerichtet. Das war um das Jahr 305 herum. Zu seiner Ehre wurden später viele Kirchen gebaut.

Der Name Georg kommt aus dem Griechischen und bedeutet: Ackermann, Landmann.

Sankt Georg zählt zu den 14 Nothelfern. Er ist der Patron der Soldaten, Reiter, Schützen, Schmiede und vieler anderer Berufe. Georg wird angerufen gegen Fieber. Auch die St. Georgs-Pfadfinder erbitten seinen Beistand. Neben Christophorus war er einer der beliebtesten Heiligen des Mittelalters. Die Bauern verbinden mit Sankt Georg ein reiches Brauchtum wie Georgi-Ritte, Pferdesegnungen, Grenzbegehungen und Flurumritte.

Wetterregeln:
Kommt Sankt Georg auf dem Schimmel geritten,
so ist das Frühjahr wohl gelitten.

Wenn an Sankt Georg der Regen fehlt,
wird man nachher damit gequält.

Ist Georgi warm und schön,
wird man noch warmes Wetter sehn.

Gerhard

24. September

Gerd, Gert

Gerhard wird als der Apostel der Ungarn verehrt, obwohl er aus Venedig stammte. Auf einer Pilgerfahrt ins Heilige Land kam er 1051 nach Ungarn und stattete dem Königshaus dort einen Besuch ab. König Stephan und seine Frau Gisela bestürmten den Gast solange, bis dieser einwilligte, in Ungarn zu bleiben.
Doch Gerhard mied die Pracht des Königshauses. Mit einem Eselskarren machte er sich auf, den Ungarn das wahre Evangelium zu bringen. Gerhard predigte, betete und lebte den Menschen ein Leben der Nächstenliebe vor. Er wohnte in den einfachsten Hütten, sorgte für die Armen und pflegte die Kranken.
1030 wurde Gerhard erster Bischof der Stadt Csanád. Bald danach änderten sich die Zeiten. König Stephan starb, und

seine Frau Gisela mußte vor den aufständischen Fürsten nach Passau fliehen. Bischof Gerhard aber blieb. Doch er mußte diese Treue zu Ungarn mit dem Leben bezahlen. Heidnische Aufständische nahmen den Missionar am 24. September 1046 gefangen und ermordeten ihn durch Steinwürfe und Lanzenstiche. Heute heißt dieser Ort Gerhardsberg. Gerhards Gebeine wurden später nach Csanád gebracht und in der Marienkirche beigesetzt. Am 24. Februar 1084 wurde er feierlich zum Heiligen ernannt.

Der Name Gerhard kommt aus dem Althochdeutschen und bedeutet: der Speerstarke.

Der heilige Gerhard ist der Patron der Erzieher.

Gerold und Holger

19. April

Gerold, auch Holger genannt, war ein schweizerischer Adliger und lebte im 10. Jahrhundert. Um 970 herum verschenkte er seinen ganzen Besitz an das Kloster Einsiedeln. Dann zog er sich als Einsiedler in die Wildnis zurück und lebte als Eremit im Groß-Walsertal in Vorarlberg (Österreich). Holger führte ein strenges Leben, betete und fastete viel. Sein Ziel war es, Gott zu finden. Holger starb 978 und wurde in einer von ihm

gestiftete Kirche in Frisen begraben. 1663 wurde sein Grab geöffnet und seine Reliquien wurden in den Wallfahrtsort Einsiedeln gebracht. Das war am 19. April, seinem heutigen Gedenktag.

Der Name Gerold, von dem sich Holger ableitet, kommt aus dem Althochdeutschen und bedeutet: der mit dem Speer Waltende.

Gertrud

17. März
Gertraud, Gerda, Traudl, Gerti, Gertrudis

Gertrud wurde 629 als Tochter von Pippin dem Älteren geboren. Dieser regierte im heutigen Frankreich. Obwohl die Tochter glänzende Heiratsaussichten hatte, entschied sie sich für ihren eigenen Weg: Sie wurde Äbtissin im Kloster Nivelles im heutigen Belgien. Dieses Kloster hatte Getruds Mutter Iduberg gegründet. Sie machte es sich zur Hauptaufgabe, besonders jungen Frauen eine Ausbildung zukommen zu lassen und sie in der Heiligen Schrift zu unterrichten. Doch auch für das Selbststudium der Bibel nahm sie sich viel Zeit, ließ berühmte Mönche bis aus Irland kommen, die ihr die Schrift erklärten. Doch in volkstümlichen Legenden wird die Heilige als sehr praktische Helferin verehrt. So soll sie einmal ihr Land betend von einer Mäuse- und Rattenplage befreit haben. Auch erzählt man sich von ihrer außerordentlichen Liebe zu Pilgern und Reisenden, zu Kranken und Sterbenden. Die Äbtissin, die wegen ihrer Nächstenliebe und Selbstlosigkeit sehr beliebt war, wurde nur etwa 30 Jahre alt. Sie starb am 17. März 659 und wurde in Nivelles begraben. Schon bald nach ihrem Tode wurde Gertrud von den Menschen als Heilige verehrt.

Der Name Gertrud kommt aus dem Althochdeutschen und bedeutet: die Speerstarke.

Gertrud wurde früher gegen Ratten- und Mäuseplagen angerufen. Sie ist Patronin der Armen, Witwen, Gärtner und Spinnerinnen. Sie gilt als Schutzheilige der Herbergen. Die heilige Gertrud ist eine bekannte Frühjahrsbotin. So wurden früher an Ihrem Gedenktag die Bienenstöcke in Freie gestellt.

Wetterregeln:
Friert es an Sankt Gertrud,
der Winter noch 40 Tage nicht ruht.

Sonniger Gertrudentag
Freud' dem Bauern bringen mag.

Heinrich

13. Juli

Hajo, Harry, Heike, Heiko, Hein, Heiner, Heini, Heino, Heinz, Hendrik, Henny, Henning, Henry, Henrika, Henrike, Henriette, Hinz

Heinrich II. war ein deutscher Kaiser. Er ist der einzige deutsche Kaiser, den die Kirche heiliggesprochen hat. Im Volk wurde er allerdings schon zu Lebzeiten als Heiliger verehrt. Heinrich wurde 973 auf der Burg Abbach bei Regensburg geboren. Er war der Sohn des Herzogs Heinrich II. von Bayern und seiner Frau Gisela. Als Junge wurde Heinrich zunächst an der Hildesheimer Domschule erzogen.

Seine Jugendjahre verlebte er dann am Regensburger Herzogshof, wo sich Bischof Wolfgang um seine Erziehung kümmerte. Denn schon mit 22 Jahren mußte Heinrich das Erbe seines Vaters antreten. Dieser Herzog Heinrich, dem man den Beinamen „der Zänker" gegeben hatte, lag in ständiger Fehde mit seinem Verwandten, dem damaligen deutschen Kaiser Otto III., und den anderen Fürsten. Anders der junge Heinrich. Nach dem Tode des Vaters versuchte er Otto III. zu helfen, wo er nur konnte. Als der Kaiser frühzeitig starb, hatte er sich dadurch schon soviele Verdienste erworben, daß die deutschen Fürsten Heinrich zu ihrem König wählten. Heinrich war 29 Jahre alt. Zwei Jahre später, im Jahr 1004, kam noch Italien zum Königreich dazu. Heinrich regierte klug und umsichtig. Es gelang ihm, die zerstrittenen deutschen Fürsten untereinander zu versöhnen und damit Frieden in seinem Königreich und nach außen hin zu schaffen. Denn Kaiser Otto hatte das deutsche Reich in sehr schlechtem Zustand hinterlassen. Heinrichs Ziel war es, das Frankenland als Einheit wiederherzustellen. Bei dieser Arbeit stand ihm seine Frau Kunigunde, eine hochgebildete, kluge Frau, stets hilfreich und ratgebend zur Seite. Auch dem Papst blieb nicht verborgen, was der König leistete. Benedikt VIII. krönte ihn und seine Frau Kunigunde im Jahre 1014 zum Kaiserpaar.

Auch für die Kirche hat Heinrich viel getan. Seine großzügigste Stiftung ist das Bistum Bamberg. Kaiserin Kunigunde soll ihren ganzen Reichtum gestiftet haben, um dort einen Dom zu bauen. Die Einweihung des berühmten Bamberger Doms wurde zum glanzvollsten Fest im damaligen Europa. Noch heute erinnert eine Reiterstatue in diesem Dom, der Bamberger Reiter, wohl an Kaiser Heinrich II. Vom Bistum Bamberg aus erfolgte die Missionierung der Slawen. Aber auch anderen Bistümern half Heinrich II., der sich am liebsten als „Kaiser von Gottes Gnaden" bezeichnete, mit großzügigen Schenkungen.

Am 13. Juli 1024 starb der Kaiser und wurde, wie auch seine Frau Kunigunde, im Bamberger Dom begraben. Dort kann man heute das Kaiserpaar als übergroße Liegefiguren über ihrem Hochgrab bewundern. Diese schuf der berühmte Bildhauer Tilman Riemenschneider. 1146 wurde Kaiser Heinrich von Papst Eugen III. offiziell heiliggesprochen.

Der Name Heinrich kommt vom althochdeutschen Haganrich und bedeutet: Herr des Hofes.

Heinrich ist Patron der Bistümer Bamberg und Basel.

Helena

18. August

Helene, Helen, Hella, Elena, Ellen, Ilona, Lea, Lena, Leni

Wie bei der heiligen Monika ist auch bei Helena das Leben eng mit dem ihres Sohnes verbunden. Man weiß heute nicht mehr genau, ob Helena aus Kleinasien, Deutschland (Trier) oder England stammte. Sie war die Frau eines römischen Herrschers namens Konstantin Chlorus. Mit dem Römer Chlorus an ihrer Seite war Helena nicht sehr glücklich. Als Chlorus Kaiser wurde, schickte er Helena sogar fort und nahm sich eine andere Frau. Anders ihr gemeinsamer Sohn Konstantin, der nach dem Tode des Vaters Kaiser wurde. Er holte die Mutter als Kaiserin an seine Seite nach Trier, das damals zum großen römischen Reich gehörte.

Helena hat sich im Jahre 312 zum Christentum bekehrt und sich taufen lassen. Ihr Sohn Konstantin, der später den Beinamen „der Große" bekam, empfing erst 337 das Taufsakrament. Aber anders als seine Vorgänger, die grausamen Christenverfolger, stand er dem Christentum freundlich gegenüber und half seiner Mutter sogar dabei, große christliche Kirchen zu bauen. Angeblich gehen die Kreuzeskirche in Jerusalem, die Apostelkirche in Konstantinopel und die Geburtskirche in Betlehem auf die Heilige Helena zurück.

Aber nicht nur das Beispiel der christlichen Mutter soll Konstantin bewegt haben; die Legende erzählt noch eine andere Begebenheit: Als Konstantin 306 zum Kaiser ausgerufen worden war, zog er nach Rom, um seinen Gegner Maxentius zu stürzen. In seinem Heer sollen viele christliche Soldaten gewesen sein, die auf ihren Fahnen das Zeichen des Kreuzes vor sich hertrugen. Vor einer Schlacht in Rom, so die Legende, rief Konstantin die heidnischen Götter um Hilfe an. Da soll ihm am Himmel ein Kreuz erschienen sein und eine Inschrift, die sagte: „In diesem Zeichen wirst du siegen!" Daraufhin ließ Konstantin die christlichen Soldaten mit ihren Kreuzesfahnen voranstürmen. Er gewann die Schlacht! Von dem Tage an hatte die furchtbare Christenverfolgung ein Ende. Unter Konstantin durfte jeder Christ sein, ohne bestraft oder getötet zu werden. Zum Dank dafür zog Helena noch als 70jährige als eine der ersten Frauen nach Jerusalem und suchte das Kreuz Jesu. Nach langen Grabungsarbeiten fand sie es auf dem Berge Golgota. Damit jeder dieses Kreuz verehren konnte, ließ Helena die berühmte Kreuzeskirche in Jerusalem bauen. Splitter davon und andere Reliquien wie die Tafel über dem Kreuz und die Kreuzesnägel nahm Helena von ihrer Pilgerreise mit nach Rom und nach Trier, wo sie heute noch verehrt werden. Helena starb 329 und wurde in Rom begraben. Reliquien werden in Trier und in Hautevillers in Frankreich aufbewahrt. Der kostbare Sarg der Heiligen Helena ist heute noch im Vatikanischen Museum in Rom zu sehen.

Der Name Helena kommt aus dem Griechischen und bedeutet: die Leuchtende.

Helena ist die Patronin der Nagelschmiede. Die Bistümer Basel, Bamberg und das Erzbistum Trier verehren sie besonders. Sie wird angerufen gegen Blitz- und Feuersgefahren.

Ingeborg

30. Juli

Inge, Inga, Ingelore, Inka

Ingeborg von Frankreich hat ein schweres Leben hinter sich. Die dänische Prinzessin, Tochter des Dänenkönigs Waldemar I., wurde 1193 mit König Philipp von Frankreich verheiratet. Ingeborg war damals 17 Jahre alt. Doch der mächtige Franzosenkönig liebte seine Frau nicht, er hatte sie nur aus politischen Gründen geholt. Kurz nach der Hochzeit verstieß Philipp seine Frau und heiratete Agnes von Meran. Ingeborg aber wandte sich an Papst Innozenz III. Der drohte Philipp mit dem Kirchenbann für ganz Frankreich. Die Bischöfe und Priester hätten dann keine Messen mehr feiern, keine Beichte mehr hören und kein Kind mehr taufen dürfen. Das allerdings konnte sich Philipp seinem Volk gegenüber nicht leisten. Er hätte mit einer Revolution rechnen müssen. Also holte er Ingeborg zähneknirschend zurück. Später verstieß er Ingeborg ein zweites Mal, ließ sie aber nach dem Tod von Agnes wieder zurück auf sein Schloß kommen. Hier kümmerte sich die kinderlose Ingeborg sogar um die beiden Töchter von Agnes. Als Ehefrau führte sie ein schweres Leben, verachtet und gedemütigt von ihrem Mann. Trotzdem betete sie ständig um Vergebung für seine Sünden und versuchte, ein besonders gottgefälliges Leben zu führen. Sie tat viel Gutes, kümmerte sich um Kranke und Arme. Als Ingeborg am 30. Juli 1237 starb, wurde sie vom Volk wie eine Heilige verehrt.

Der Name Ingeborg kommt aus der nordischen Sprache und bedeutet: Gott möge schützen.

Ingrid

2. September

Ingrid ist eine Heilige aus Schweden und wurde dort hochverehrt, als das Land noch katholisch war. Die Frau lebte im 13. Jahrhundert und wurde die erste Ordensgründerin im hohen Norden. Das kam so: Nach dem Tod ihres Mannes und ihrer Geschwister empfand Ingrid Elovsdotter den tiefen Wunsch, als Nonne in einem Kloster zu leben. Nur gab es damals in Schweden keine Frauenklöster. Also holte sie sich Rat bei Pater Petrus von Dacien im Dominikanerkloster Skenninge in Südschweden. Doch auch der konnte Ingrid nicht weiterhelfen, schlug ihr aber vor, selbst ein Kloster für Frauen zu bauen.

Ingrid war begeistert von dieser Idee. Sie verkaufte ihre ganze Habe, Haus, Wald und Felder und ließ Pläne für ihr Kloster zeichnen. Als die Bauleute mit der

Arbeit begannen, ging Ingrid auf Reisen. Sie pilgerte nach Rom zum Grab des heiligen Petrus und weiter ins Heilige Land. Dort vollzog sie betend die Leidensstationen Jesu Christi nach, einen echten Kreuzweg also. Solche Pilgerfahrten waren ein gefährliches und beschwerliches Unternehmen in jener Zeit. Vor allem für Frauen. Doch Ingrid sammelte dabei Kraft für ihre Aufgabe in Schweden. Als sie zurückkehrte, warteten schon einige junge Frauen auf sie, die in ihr inzwischen fertiges Kloster eintreten wollten. Ingrids größter Wunsch war in Erfüllung gegangen. Sie wurde Oberin in ihrem Dominikanerinnenkloster in Skenninge. Dort starb sie am 2. September 1282.

Der Name Ingrid kommt aus der nordischen Sprache und bedeutet: Gottesstreiterin.

Irene

20. Oktober

Ira, Iria, Irina

Die Kirche kennt mehrere Heilige mit dem Namen Irene. Du kannst dir deinen Gedenktag also aussuchen. Sie alle sind für ihren Glauben gestorben.
Irene von Portugal war eine Klosterschwester in Scalabis. Sie soll außerordentlich hübsch gewesen sein. Zwei Männer waren in sie verliebt und wollten sie heiraten. Aber Irene wies beide ab, denn sie war ja eine Braut Christi. Da erzählte einer der Männer üble Geschichten über die Klosterfrau. Als der andere Mann die Geschichten hörte, fühlte er sich betrogen. Also, so dachte er, lebt diese Frau wohl doch nicht so heiligmäßig, wie sie glauben machen will. Er wurde furchtbar wütend und heuerte Mörder an. Diese stiegen über die Klostermauern und erstachen die Ordensfrau. Anschließend warfen sie sie in einen Fluß. Das passierte im Jahre 653. Die Stadt in Portugal, in der das scheußliche Verbrechen geschah, ist nach dem Namen der Märtyrerin benannt: Santarém. Das heißt: Sancta Irene. Ihr Gedenktag ist der 20. Oktober.

In Rom lebten gleich zwei Heilige mit dem Namen Irene. Eine, die Witwe des Märtyrers Castulus, pflegte den Heiligen Sebastian. Der Gedenktag der **Witwe Irene** ist der 22. Januar. Die andere heilige **Irene von Rom** wurde wegen ihres Glaubens umgebracht. Ihr Gedenktag ist der 21. Februar. **Irene von Saloniki** wurde mit ihren Geschwistern auf einem Scheiterhaufen verbrannt. Ihr Gedenktag ist der 1. April.
Die heilige **Irene von Kostantinopel,** so erzählt die Legende, sei von einem wilden Pferd zu Tode geschleift worden. Ihr Gedenktag: 5. Mai.

Der Name Irene kommt aus dem Griechischen und bedeutet: Friede, Friedensbringerin, die Friedfertige.

Ivo

23. Dezember

Yvo, Yves, Yvonne

Der heilige Ivo von Chartres wurde um das Jahr 1040 herum bei Beauvais in Frankreich geboren. Im Jahr 1090 wurde er Bischof von Chartres. Keine leichte Aufgabe, denn sein Erzbischof wollte ihn dort nicht. Doch mit Unterstützung von König Philipp I. konnte sich Ivo in Chartres behaupten. Die Feindschaft zu seinem Vorgesetzten aber blieb bestehen. Ivo war als ausgezeichneter Jurist ein gefragter Ratgeber und Helfer in Streitigkeiten. In kirchlichen Kreisen gewann er dadurch großen Einfluß. So schrieb er das meistbenutzte Rechtsbuch des Mittelalters. Nach seinem Tod am 23. Dezember 1116 wurde der Bischof sofort als Heiliger verehrt.

Der Name Ivo bedeutet: der Eibenholzbogen.

Jakobus

25. Juli und 3. Mai

Jakob

Der Apostel und Märtyrer Jakobus der Ältere war, wie die meisten Jünger, Fischer am See Gennesaret. Er war ein Bruder des Evangelisten Johannes. Die beiden Brüder wurden von Jesus gemeinsam gerufen. Jakobus gehörte mit zu den bevorzugten Jüngern Jesu. Er war dabei, als dieser die Tochter des Jairus wieder zum Leben erweckte, aber auch, als das Leiden des Herrn im Garten von Getsemani begann. Nach Christi Himmelfahrt verkündete Jakobus das Evangelium in Jerusalem und Samaria. Er war der erste Apostel, der den Märtyrertod erlitt. Soldaten des Königs Herodes Agrippa nahmen den Prediger im Jahre 44 gefangen und ließen ihn enthaupten. Die Legende erzählt, daß Jakobus auf dem Weg zu seiner Hinrichtungsstätte noch einen gichtkranken Mann heilte, der nicht mehr laufen konnte. Dieser pries daraufhin laut den Herrn. Einer der Bewacher des Jakobus war von diesem Wunder so beeindruckt, daß er vor Jakobus niederfiel und um seinen Segen bat. Dafür soll er, so die Legende, zusammen mit Jakobus enthauptet worden sein.

Im 8. Jahrhundert gelangten die Reliquien des Heiligen Jakobus auf abenteuerliche Weise aus dem Heiligen Land nach Spanien. Dort werden sie in der großen Wallfahrtskirche in Santiago de Compostela im Nordwesten des Landes aufbewahrt. Seit dem Mittelalter ziehen die Gläubigen aus allen christlichen Ländern dorthin, um den Heiligen zu verehren. Als Jakobspilger sind sie bekannt geworden. Entlang der Pilgerwege entstanden Kirchen und Pilgerhäuser, in denen die Pilger während der beschwerlichen Reise beten und rasten konnten.

Jakobus ist Landespatron von Spanien und Portugal und wird von Pilgern (Jakobspilger), Winzern und Apothekern besonders verehrt.

Zur Unterscheidung hat ein anderer Apostel mit Namen Jakobus den Beinamen „Der Jüngere" erhalten. Über diesen Jakobus ist nur wenig bekannt. Er wird zusammen mit dem Heiligen Philippus am 3. Mai verehrt. Mit Philippus soll dieser Jakobus auch in der römischen Kirche „Zwölf Apostel" begraben sein.

Joachim

26. Juli
Achim, Jochen

Anna und Joachim sind die Eltern der Gottesmutter Maria.
Joachim lebte als reicher Viehzüchter mit seiner Frau Anna in Jerusalem. Beide waren schon älter und kinderlos. Doch Joachim opferte regelmäßig im Tempel und sorgte für die Armen. Und immer wieder betete er und bat Gott um ein Kind.
Eines Tages erschien ein Engel bei Joachim und verkündete ihm, daß seine Frau ein Kind empfangen würde. So geschah es. Nach 20jähriger Ehe gebar Anna die kleine Maria, die spätere Mutter Gottes. Die Eltern zogen ihre Tochter in großer Frömmigkeit auf und brachten sie später zur Erziehung in den Tempel, so wie sie es Gott versprochen hatten.

Der Name Joachim kommt aus dem Hebräischen und bedeutet: Gott richtet auf.

Joachim ist der Patron der Eheleute und Schreiner.

Johanna von Orléans

30. Mai

Jennifer, Jenny, Jessica, Hanna, Hannah, Janina, Jana, Hannelore

Johanna wird 1412 in einem kleinen Dorf in Nordfrankreich geboren. Sie wird von ihren Eltern zwar religiös erzogen, lernt aber nie lesen und schreiben. Vom 13. Lebensjahr an hütet sie die Schafe ihres Vaters. Dabei hört sie immer wieder überirdische Stimmen. Diese Stimmen befehlen ihr, der kleinen Schafhirtin, die belagerte Stadt Orléans von den Engländern zu befreien. Auch soll sie den französischen König Karl VII. nach Reims zur Krönung führen.

Damals führten die Engländer Krieg in Frankreich und wollten den französischen Thron erobern. Heute nennt man diese Zeit den Hundertjährigen Krieg. Johanna ist immer fürchterlich erschrocken, wenn sie die Stimmen hört. Anfangs glaubt sie an eine Einbildung, aber die Stimmen kommen immer wieder, werden immer eindringlicher. Doch wie soll sie, das 13jährige, ungebildete Bauernmädchen, Frankreich retten? Als sie schließlich von den immer wiederkehrenden Stimmen erzählt, wird sie überall ausgelacht. Der Vater hält Johanna für schwachsinnig und sperrt sie ein. Da flieht das junge Mädchen, läßt sich die Haare kurz schneiden und kleidet sich in eine Männerrüstung. Sie sammelt ein kleines Heer um sich und zieht gegen die Engländer in den Krieg. Johanna besiegt tatsächlich das Riesenheer der Besatzer. Ihr unerschöpfliches Gottvertrauen und ein unbändiger Wille haben ihr geholfen.

Als Johanna Frankreich befreit hat, wendet sich ihr Schicksal. Freunde des Kaisers sind eifersüchtig auf die tapfere junge Frau und verraten sie an die Engländer. Ja, sie liefern sie ihnen sogar aus. Da beginnt eine furchtbare Leidenszeit für Johanna. Die Engländer klagen sie an wegen Ketzerei und Hexerei. Sie foltern sie auf grausamste Weise und verurteilen sie zum Tode.

Am 30. Mai 1431 stirbt Johanna mit 19 Jahren in Rouen bei einer öffentlichen Verbrennung auf dem Scheiterhaufen. Erst in unserem Jahrhundert, 500 Jahre nach ihrer Verbrennung, wird Johanna von Orléans am 16. Mai 1920 von Papst Benedikt XV. heiliggesprochen.

Wer Johanna heißt, kann sich aber auch auf jene Johanna berufen, die Jesus auf seinen Wanderwegen bedient. Ihr Gedenktag ist der 24. Mai. Manche Johannas nehmen sich auch den Heiligen Johannes den Täufer (24. Juni) zum Vorbild.

Der Name Johanna kommt aus dem Hebräischen und heißt: Gott ist gnädig.

Johanna von Orléans ist die Schutzheilige Frankreichs und französische Nationalheldin.

Johannes der Täufer

24. Juni

Jan, Jens, Hans, Hannes, Jo, Janosch, John, Jean

Johannes war ein Sohn von Zacharias und Elisabeth. Er wurde genau ein halbes Jahr vor Jesus geboren. Alles, was wir über ihn wissen, steht in der Bibel. Die Evangelisten erzählen, daß Maria, die Mutter Gottes, einige Monate vor Jesu Geburt zu ihrer Verwandten Elisabeth ging. Dort sah Maria, daß auch Elisabeth ein Kind erwartete. Sie war erstaunt, denn Elisabeth war schon alt. Sie hatte die Hoffnung auf ein Kind eigentlich schon aufgegeben gehabt. Da hatte Gott mit Zacharias, der ein jüdischer Priester war, gesprochen. Gott hatte ihn wissen lassen, daß bei ihm kein Ding unmöglich sei. So bekamen Elisabeth und Zacharias als alte Eheleute einen Sohn, den sie Johannes (Gott ist gnädig) nannten.

Als Johannes erwachsen war, verließ er seine Eltern und folgte dem Ruf Gottes. Erst ging er in die Wüste, um sich in der Einsamkeit auf seinen Auftrag vorzubereiten. Sein Auftrag war: Das Kommen von Jesus, dem Messias, anzukündigen. Dazu predigte er in der Nähe des Jordanflusses, forderte die Menschen auf, Buße zu tun und ein anderes Leben zu führen.

Der Evangelist Matthäus berichtet: „In jenen Tagen trat Johannes der Täufer auf und verkündete in der Wüste von Judäa: Kehrt um! Denn das Himmelreich ist nahe. Johannes trug ein Gewand aus Kamelhaaren und einen ledernen Gürtel um seine Hüften. Heuschrecken und wilder Honig waren sein Nahrung. Die Leute von Jerusalem und ganz Judäa und aus der ganzen Jordangegend zogen zu ihm hinaus. Sie bekannten ihre Sünden und ließen sich von ihm taufen. Dann eines Tages kam Jesus. Johannes erkannte ihn sofort und rief aus: „Seht das Lamm Gottes, das hinwegnimmt die Sünden der Welt." Auch Jesus ließ sich von Johannes im Jordanfluß die Bußtaufe geben. In dem Moment kam eine Taube vom Himmel und eine Stimme sprach: „Das ist mein geliebter Sohn. An ihm habe ich mein Wohlgefallen!"

Johannes war aber auch den Mächtigen gegenüber furchtlos. So hielt er dem König Herodes seine Sünden vor. Dieser hatte sich die Frau seines Bruders zur Frau genommen. Herodes ließ den Bußprediger ins Gefängnis werfen. Seine Frau Herodias aber lag dem König so lange in den Ohren, bis dieser Johannes enthaupten ließ.

Die Bedeutung des heiligen Johannes hat uns Jesus selbst klargemacht. Er hat den Bußprediger heiliggesprochen, indem er von ihm sagte: „Unter allen Menschen hat es keinen größeren gegeben als den Täufer!" Anders als bei anderen Heiligen feiern wir bei Johannes das Fest seiner Geburt, den 24. Juni als seinen Namenstag. Auch damit wird deutlich, wie wichtig die Ankunft des Johannes für Jesus, den Messias war. Die Kirche feiert neben seinem Geburtstag auch noch den Tag seiner Enthauptung am 29. August.

Der Name Johannes kommt aus dem Hebräischen und bedeutet: Gott ist gnädig.

Johannes ist der Patron der Mönche, er wird aber auch von den Gastwirten,

Schneidern, Maurern, Bildhauern und Winzern verehrt.

Wetterregeln:
Vor dem Johannistag
man Gerst' und Hafer nicht loben mag.

Regnet's am Johannistag,
so regnet es noch vierzehn Tag.

Bringt Johanni Sommerhitze,
ist es Korn und Rüben nütze.

Josef

19. März

Joscha, Joschka, Joe, Josefine, Josefina, Josefa, Josy, Jupp, Sepp

Vom heiligen Josef wissen wir aus dem Neuen Testament der Bibel. Er stammte aus einer bekannten Familie, dem Geschlecht Davids, und war Zimmermann in Nazaret. Josef war der Verlobte der Maria, der Mutter Gottes. Als Josef merkte, daß Maria ein Kind erwartete, war er zutiefst enttäuscht. Er wollte sich von Maria trennen, in aller Stille, ohne großes Aufsehen zu erregen. Denn Josef wußte nicht, daß Gott selbst Maria zur Mutter seines Sohnes ausgewählt hatte. Doch Gott schickte einen Engel zu Josef und ließ ihm sagen: „Kümmere dich um Maria. Denn sie wird einen Sohn zur Welt bringen, der die Welt erlösen wird!" Und Josef tat, wie der Engel gesagt hatte. Er nahm Maria zu sich, heiratete sie und war ein guter Ehemann. Kurz vor Jesu Geburt aber mußten sich Josef und Maria auf eine lange Reise begeben, zur Volkszählung nach Betlehem, dort wo Josef geboren war. Obwohl der Zimmermann alles versuchte, um in seiner Heimatstadt ein Quartier zu finden, gelang es ihm nicht. Die Stadt war überfüllt. Sie mußten die Nacht in einem Stall verbringen. Hier kam Jesus, Gottes Sohn, zur Welt.
Nach der Geburt mußte die kleine Familie nach Ägypten fliehen, denn Herodes wollte das neugeborenen Kind umbringen lassen. Erst viele Jahre später konnte Josef mit Maria und Jesus in seinen Heimatort Nazaret zurückkehren. Dort arbeitete er wieder als Zimmermann und kümmerte sich liebevoll um die ihm anvertraute Familie. Mehr wissen wir nicht von Josef, dem treusorgenden Pflegevater Jesu. Einmal noch berichtet die Bibel, daß Maria und Josef drei Tage lang nach Jesus in Jerusalem gesucht hatten, bevor sie ihn im Tempel fanden. Josefs weiteres Leben und sein Todestag sind uns nicht bekannt. Man nimmt an, daß Josef schon tot war, als Jesus sein Wirken in der Öffentlichkeit begann. Was wir aber sicher wissen ist: Josef war ein stiller Heiliger, der immer sofort und bedingungslos getan hat, was Gott von ihm wollte.

Der Name Josef kommt aus dem Hebräischen und bedeutet: Gott gebe Vermehrung.

Josef ist der Schutzpatron der Kirche, der Zimmerleute, Holzhauer und Schreiner. Er gilt auch als Patron der Sterbenden und wird besonders in den Diözesen Osnabrück, Graz und Innsbruck verehrt.

Wetterregeln:
Ist's am Josefstage schön, wird ein gutes Jahr man seh'n.

Josef macht dem Winter ein Ende.

Katharina

25. November oder 29. April

Käthe, Katrin, Kathrin, Karin, Karina, Katja

Zwei große Heilige werden mit dem Namen Katharina verbunden: Katharina von Alexandrien und Katharina von Siena. **Katharina von Alexandrien** ist die Tochter von König Costus und lebte im vierten Jahrhundert in Alexandrien (Ägypten). Eines Tages aber hörte Katharina durch einen frommen Einsiedler von Jesus Christus. Die verwöhnte junge Frau erkannte ihre Fehler, änderte ihr Leben radikal und ließ sich taufen. Aus ihrem Glauben an Jesus Christus schöpfte sie so großen Mut und soviel Kraft, daß sie sogar versuchte, den römischen Kaiser Maxentius zum christlichen Glauben zu bekehren.

Maxentius dagegen versuchte, Katharina vom heidnischen Glauben abzubringen. Dazu ließ er 50 Gelehrte mit ihr diskutieren. Doch was geschah? Katharina sprach so überzeugend, daß sich die 50 Weisen bekehren und taufen ließen. Das aber wollte sich Maxentius, der Kaiser, nicht bieten lassen. Er fühlte sich verhöhnt und verurteilte die Wissenschaftler zum Tode auf dem Scheiterhaufen. Katharina aber ließ er grausam foltern. Die junge Frau widerstand allen Qualen. Endlich sollte sie mit einem schweren hölzernen Rad zu Tode gefahren werden, aber das Rad zerbrach. Da ließ der Kaiser die Heilige enthaupten. Die Legende erzählt weiter, daß Engel ihren Leichnam auf dem Berge Sinai begruben, dort wo heute das berühmte Katharinenkloster steht.

Katharina ist die Patronin der Universitäten, Schulen und verschiedener Handwerker. Sie zählt zu den 14 Nothelfern.

Der Gedenktag von Katharina von Alexandrien ist als Kathreinstag eng mit bäuerlichem Brauchtum verbunden.

Wetterregeln:

Wie St. Kathrein wird's Neujahr sein!

Wenn kein Schneefall auf Kathrein is, Auf St. Andreas (30. 11.) kommt er gewiß.

Katharina von Siena wird von den Italienern als größte Frau des Christentums verehrt. Sie ist die Hauptpatronin Italiens. Diese Katharina wurde 1347 als 24. Kind eines armen Wollfärbers in Siena geboren. Ihre Kindheit war ein unruhige Zeit. Die Päpste hatten ihr Ansehen in der Bevölkerung verloren und ihren Sitz von Rom nach Avignon in Südfrankreich verlegt. In Italien herrschte Krieg zwischen den Städten. Der Adel beutete das Volk nach Kräften aus. Mit 12 Jahren sollte Katharina auf Wunsch ihrer Eltern heiraten. Sie lehnte aber ab und das nahmen ihr die Eltern sehr übel. Mit 18 Jahren trat Katharina als Bußschwester in das Kloster der Dominikanerinnen ein und pflegte Kranke und Sterbende. Obwohl Katharina nie ein Schule besucht und nie Schreiben und Rechnen gelernt hatte, wurde der Rat der klugen Frau von vielen Staatsmännern gesucht. Sie war unermüdlich tätig, um für Frieden und Versöhnung in Kirche und Staat zu werben. So verdankt ihr Italien die Rückkehr der Päpste aus Frankreich. Katharina starb am 29. April 1380 in Rom. Sie war nur 33 Jahre alt geworden. 80 Jahre

Julia

22. Mai, 28. September oder 8. April

Juliane, Liane

Mehrere heilige Frauen tragen den Namen Julia.

Die **heilige Julia,** eine Sklavin, fand im dritten Jahrhundert während der Christenverfolgung unter dem heidnischen Kaiser Decius in Karthago den Tod. Im fünften Jahrhundert wurden ihre Reliquien vor den Vandalen in Sicherheit und auf die Insel Korsika gebracht.

Darum heißt sie heute auch die heilige Julia von Korsika. Ihr Gedenktag ist der 22. Mai.

Julia Eustochium wurde von ihrer Mutter, der heiligen Paula von Rom, zu christlichem Leben erzogen. Im Jahre 385 ging sie nach Betlehem. Dort leitete sie ein Kloster. Die Heilige starb dort am 28. September 420. Ihr Todestag ist auch ihr Gedenktag.

Die heilige **Julia Billiart** wurde 1751 in Nordfrankreich geboren. 1804 gründete sie in Amiens die Ordensgemeinschaft der Schwestern Unserer Lieben Frau, die sich unter der volkstümlichen Bezeichnung „Arme Schulschwestern" besonders der Ausbildung armer Kinder widmete. Julia Billiart wurde 1969 heiliggesprochen. Ihr Todestag, der 8. April, ist ihr Gedenktag.

Der Name Julia kommt aus dem Lateinischen und bedeutet: die Jugendliche oder aus dem Geschlecht der Julier.

Julian

28. Januar

Der Kirche sind allein drei Heilige mit dem Namen Julian bekannt, die im 3. und 4. Jahrhundert gelebt haben. Alle drei wurden während der Christenverfolgung ermordet. Da uns von diesen Heiligen nur wenig überliefert wurde, können Jungen mit dem schönen Namen Julian ihren Namenstag am Gedenktag des seligen **Julianus Maunoir** feiern.

Dieser lebte im 17. Jahrhundert. Julianus Maunoir (sprich Monuar) wurde am 1. Oktober 1606 in der Diözese Rennes in Frankreich geboren. Er besuchte eine Schule der Jesuiten und trat später selbst diesem Orden bei. Von einem berühmten französischen Volksmissionar, Michel le Nobletz, ließ er sich für diese Art der Missionierung begeistern. Es zog ihn zu den Bretonen, einem Volk in Nordfrankreich, das als besonders stur und dickköpfig galt. Bevor Julianus loszog, lernte er aber erst die schwierige bretonische Sprache. 43 Jahre lang weilte er in der Bretagne und verkündete den christlichen Glauben auf eine ganz neue Art und Weise. Ja, fast wie ein Schausteller versuchte Julianus das Interesse der Leute auf sich zu ziehen, indem er seine Predigten mit großen Wandtafeln, Broschüren und religiösen Liedern auflockerte. Vier Wochen verbrachte er so stets an einem Ort. Das Ende einer solchen Volksmission wurde immer mit einem großen Fest gefeiert, mit der Eucharistiefeier, einer Prozession und mit Schauspielen über die Inhalte der Bibel. Auch gelang es ihm mit der

Zeit, Priester zu begeistern, die seine Arbeit unterstützten. Julianus hatte damit die Wurzeln gesät für den noch heute tiefen bretonischen Glauben. Am 28. Januar 1683 starb er auf einer Missionsreise.

Der Name Julianus kommt aus dem Lateinischen und bedeutet: der Jugendliche.

Karl Borromäus

4. November

Carel, Carlo, Carola, Carolina, Caroline, Carolin, Carla, Charlotte, Karel, Karla, Karola, Karolin, Karolina, Karoline

Karl Borromäus wurde am 2. Oktober 1538 als Sohn des Grafen Gilbert Borromeo in Arona geboren. Nach dem Studium der Rechtswissenschaften in Pavia (1552–1559) machte sein Onkel, Papst Pius IV., den frischgebackenen Doktor der Rechte zu seinem Geheimsekretär. Nach der Priesterweihe 1563 wurde Karl bald Erzbischof und Kardinal von Mailand.
Während dieser Zeit trafen sich die Bischöfe der Welt zu einer Zusammenkunft, einem Konzil, in Trient. Damals überlegten die Konzilsteilnehmer gemeinsam, wie sie die Kirche aus ihrer schwierigen Lage befreien könnten. Viele Menschen waren vom Glauben abgefallen, ihre Kirchen völlig verwahrlost. Aber auch viele Kirchenführer lebten fast wie Raubritter. Sie ließen sich mit Zöllen und Steuern bezahlen, führten Krieg und bestimmten die Politik. Das mußte sich alles ändern, beschloß das Konzil. Alle diese Konzilsbeschlüsse setzte Karl anschließend mit großem Eifer in die Tat um. Er gründete Seminare für die

Heranbildung von Priestern und wurde damit wegweisend in ganz Europa. Persönlich lebte der Kardinal einfach und bescheiden, fastete oft und schlief wenig. Als 1576 die Pest ausbrach, kümmerte er sich selbst um die Pflege der Pestkranken, die von vielen Menschen in Stich gelassen worden waren. Während er selbst von Wasser und Brot lebte, besorgte er für seine Kranken oft auf abenteuerlichen Wegen Kleidung, Essen und Medikamente. Das trug ihm große Achtung im Volk ein, so daß er schon gleich nach seinem Tod am 3. November 1584 wie ein Heiliger verehrt wurde, bevor er 1610 offiziell heiliggesprochen wurde.

Karl bedeutet: der Mann, der Held.

Karl ist der Patron des Bistums Lugano, der Universität Salzburg, der Seelsorger und der katholischen Büchereien. Nach ihm hat sich auch der Borromäus-Verein benannt, der sich um die Verbreitung religiöser Literatur kümmert.

Katharina

25. November oder 29. April

Käthe, Katrin, Kathrin, Karin, Karina, Katja

Zwei große Heilige werden mit dem Namen Katharina verbunden: Katharina von Alexandrien und Katharina von Siena. **Katharina von Alexandrien** ist die Tochter von König Costus und lebte im vierten Jahrhundert in Alexandrien (Ägypten). Eines Tages aber hörte Katharina durch einen frommen Einsiedler von Jesus Christus. Die verwöhnte junge Frau erkannte ihre Fehler, änderte ihr Leben radikal und ließ sich taufen. Aus ihrem Glauben an Jesus Christus schöpfte sie so großen Mut und soviel Kraft, daß sie sogar versuchte, den römischen Kaiser Maxentius zum christlichen Glauben zu bekehren.

Maxentius dagegen versuchte, Katharina vom heidnischen Glauben abzubringen. Dazu ließ er 50 Gelehrte mit ihr diskutieren. Doch was geschah? Katharina sprach so überzeugend, daß sich die 50 Weisen bekehren und taufen ließen. Das aber wollte sich Maxentius, der Kaiser, nicht bieten lassen. Er fühlte sich verhöhnt und verurteilte die Wissenschaftler zum Tode auf dem Scheiterhaufen. Katharina aber ließ er grausam foltern. Die junge Frau widerstand allen Qualen. Endlich sollte sie mit einem schweren hölzernen Rad zu Tode gefahren werden, aber das Rad zerbrach. Da ließ der Kaiser die Heilige enthaupten. Die Legende erzählt weiter, daß Engel ihren Leichnam auf dem Berge Sinai begruben, dort wo heute das berühmte Katharinenkloster steht.

Katharina ist die Patronin der Universitäten, Schulen und verschiedener Handwerker. Sie zählt zu den 14 Nothelfern.

Der Gedenktag von Katharina von Alexandrien ist als Kathreinstag eng mit bäuerlichem Brauchtum verbunden.

Wetterregeln:

Wie St. Kathrein wird's Neujahr sein!

Wenn kein Schneefall auf Kathrein is,
Auf St. Andreas (30. 11.) kommt er gewiß.

Katharina von Siena wird von den Italienern als größte Frau des Christentums verehrt. Sie ist die Hauptpatronin Italiens. Diese Katharina wurde 1347 als 24. Kind eines armen Wollfärbers in Siena geboren. Ihre Kindheit war ein unruhige Zeit. Die Päpste hatten ihr Ansehen in der Bevölkerung verloren und ihren Sitz von Rom nach Avignon in Südfrankreich verlegt. In Italien herrschte Krieg zwischen den Städten. Der Adel beutete das Volk nach Kräften aus. Mit 12 Jahren sollte Katharina auf Wunsch ihrer Eltern heiraten. Sie lehnte aber ab und das nahmen ihr die Eltern sehr übel. Mit 18 Jahren trat Katharina als Bußschwester in das Kloster der Dominikanerinnen ein und pflegte Kranke und Sterbende. Obwohl Katharina nie ein Schule besucht und nie Schreiben und Rechnen gelernt hatte, wurde der Rat der klugen Frau von vielen Staatsmännern gesucht. Sie war unermüdlich tätig, um für Frieden und Versöhnung in Kirche und Staat zu werben. So verdankt ihr Italien die Rückkehr der Päpste aus Frankreich. Katharina starb am 29. April 1380 in Rom. Sie war nur 33 Jahre alt geworden. 80 Jahre später wurde sie heiliggesprochen. Ihr Todestag ist auch ihr Gedenktag.

Der Name Katharina kommt aus dem Griechischen und bedeutet: die Reine.

„Jeder hat ein besonderes Talent als Geschenk bekommen, und alle sind verpflichtet, einander zu Hilfe zu kommen, um sich so das zu verschaffen, was sie nötig haben."   Katharina von Siena

Kevin
6. Juni

Kevin ist heute ein sehr beliebter Jungenname. Über den Heiligen Kevin ist uns leider nicht viel bekannt. Nur dieses: Kevin stammte aus königlichem Geschlecht und lebte in Irland. Er gehörte zu den Nachfolgern des Heiligen Patrick. Patrick hatte die grüne Insel für das Christentum gewonnen und die Insel mit Klöstern übersät. Auch Kevin war Gründer und erster Abt eines Klosters, des Klosters Glendalough südlich von Dublin. Er hatte die Abtei nach einer Wallfahrt nach Rom gegründet. Äbte waren damals in der Kirche sehr angesehen und kamen an Würde fast den Bischöfen gleich. Die von Kevin gegründete Abtei entwickelte sich bald zu einem Mittelpunkt des religiösen Lebens in Irland. Kevin soll im hohen Alter, die Legende spricht von 120 Jahren, am 3. Juni 618 gestorben sein. Das Grab des Klostergründers in Glendalough wurde das Ziel von Scharen von Wallfahrern. Kevins Gedenktag ist der 6. Juni.

Der Name Kevin bedeutet: hübsch, anmutig.

Kevin ist Patron der Stadt Dublin.

Laurentius

10. August

Lars, Lasse, Laura, Laurenz, Lorenz

Laurentius gehört zu den meistverehrten Heiligen der Welt. Er lebte im 3. Jahrhundert, zur Zeit der Christenverfolgung. Zu dieser Zeit hatte die Kirche in Rom sieben Diakone, die den Priestern bei der Arbeit halfen. Laurentius war einer von ihnen.

Ein Diakon ist ein freiwilliger Helfer der Kirche, ein Diener. Laurentius' Aufgabe war es, den Armen zu helfen und sie im Glauben zu unterrichten.

Laurentius war ein Zögling von Papst Sixtus II. Sein Lebtag lang hatte der Diakon größte Hochachtung vor diesem seinem väterlichen Freund.

Kaiser Valerian aber ließ den Papst festnehmen, um an das Vermögen der Kirche zu kommen. Als sich der Papst weigerte, die Kirchenschätze dem Kaiser auszuliefern, wurde er enthauptet. Weinend begleitete ihn Laurentius zur Hinrichtungsstätte. „Nimm mich mit, Vater. Laß mich nicht allein!" flehte er den Papst an. Doch dieser gab ihm noch einen letzten Auftrag.

Wenige Tage später begann sein eigenes Martyrium: ein grausamer Tod auf einem heißen Rost. Trotz aller Qualen stöhnte und weinte Laurentius nicht, nein er betete laut bis zu seinem Tode.

Gerade noch rechtzeitig vor seiner Festnahme hatte Laurentius alle Schätze der Kirche, auf die es der Kaiser abgesehen hatte, an die Armen verschenkt, so wie es ihm Papst Sixtus auf dem Weg in den Tod befohlen hatte.

Sein Todestag ist der 10. August 258. Der heilige Laurentius genießt ganz besonders in der Stadt Rom hohes Ansehen. Dort wurde ihm im 4. Jahrhundert unter Kaiser Konstantin eine schöne Kirche gebaut: S. Lorenzo fuori de mura ist noch heute eine der Hauptkirchen der Stadt.

Die Gebeine des Heiligen Laurentius ruhen zusammen mit denen vom Heiligen Stephanus in einem Sarkophag in dieser Kirche.

Der Name Laurentius ist lateinisch und bedeutet: der Lorbeerbekränzte.

Laurentius ist Patron der Schüler und Studenten und Stadtpatron von Rom. Auch gilt er als Schutzpatron aller Berufe, die mit Feuer zu tun haben. Er wird bei Brandwunden, Fieber und Hexenschuß um Hilfe gebeten.

Wetterregeln:

Laurenz muß heiß sein,
soll der Wein gut sein.

An Laurenzi ist es Brauch,
hört das Holz zu wachsen auf.

An Laurentius
man pflügen muß.

Laurentius heiter und gut
einen schönen Herbst verheißen tut.

Wenn Anfang bis Mitte August viele Sternschnuppen am Himmel zu sehen sind, spricht der Volksmund von „Laurentiustränen".

„Das Feuer, das in ihm brannte, half ihm, das äußere Feuer des Martyriums zu bestehen." *Papst Leo der Große*

Lukas

18. Oktober

Der Heide Lukas war Arzt und hochgebildet. Er lebte in Antiochia (an der Südwestküste der heutigen Türkei), dort, wohin viele verfolgte Christen aus Jerusalem geflohen waren. Hier fand Lukas den Kontakt zu ihnen und wurde Christ. Vom christlichen Glauben war er so überzeugt, daß er sich dem Apostel Paulus auf seiner zweiten Missionsreise anschloß. Das war um das Jahr 50 herum. Dem von ihm so verehrten Paulus folgte Lukas auch nach Jerusalem und Rom. Dort blieb der Arzt längere Zeit bei Paulus, insgesamt etwa 17 Jahre. Von Paulus hat Lukas in dieser Zeit alles erfahren, was er in seinem Evangelium und der Apostelgeschichte niedergeschrieben hat.

Dem Evangelium des Lukas merkt man an, daß Lukas ein feinfühliger Arzt war. Er beschreibt den Mensch Jesus, seine Wundertaten, aber auch die Leiden der Menschen, denen Jesus begegnete, so deutlich wie sonst kein anderer Evangelist. Dieses Evangelium soll er nach dem Tode des Heiligen Paulus in Griechenland geschrieben haben, wohin sich Lukas zurückgezogen hatte. Dort soll er mit 84 Jahren auch eines natürlichen Todes gestorben sein. Seine Gebeine wurden im 4. Jahrhundert nach Konstantinopel gebracht.

In manchen Legenden wird Lukas auch als Maler geschildert, weshalb ihn manche Künstler als ihren Patron verehren. Warum wird Lukas mit einem Stier dargestellt? Nun, im Alten Testament gibt es eine Stelle (Ez 1, 10), in der von vier lebenden Wesen die Rede ist, die später den Evangelisten zugeordnet wurden: zu Matthäus der Mensch, zu Markus der Löwe, zu Lukas der Stier und zu Johannes der Adler.

Der Name Lukas kommt vom lateinischen lucanus und bedeutet: der Mann aus Lukanien, aus Luca.

Lukas ist Patron der Metzger (wegen des Stiersymbols), der Ärzte, der Künstler und Buchbinder. Im Mittelalter wurden am Lukastag kleine Zettel mit Segensformeln beschrieben und dann Kranken aufgelegt oder an das Vieh verfüttert. Am Lukastag wurden auch Herbstfeuer entzündet.

Überall auf der Welt haben sich christliche Ärzte in sogenannte Lukas-Gilden zusammengeschlossen.

Wetterregeln:
Wer an Lukas Roggen streut,
es im Jahr drauf nicht bereut.

Ist Sankt Lukas mild und warm,
kommt ein Winter, daß Gott erbarm.

Sankt Lukas Evangelist
bringt Spätroggen ohne Mist.

Magdalena

22. Juli

Magda, Madeleine, Lena, Leni, Marlene

Maria Magdalena kennen wir aus der Bibel. Sie lebte zur Zeit Jesu und war bekannt als die Maria „aus Magdala". Daher kommt auch ihr Name. Magdala war ein Ort am Westufer des See Gennesaret und ein Zentrum der Fischverarbeitung.

Von Maria Magdalena erzählt die Heilige Schrift, daß sie zu den Frauen gehörte, die Jesus begleitet haben.

Denn Jesus hatte Maria Magdalena von

den „Dämonen" geheilt. Unter den Dämonen verstanden die Menschen damals eine Krankheit, die wir heute mit Depressionen bezeichnen. Aus Dankbarkeit, daß Jesus sie von dieser Krankheit geheilt hatte, folgte ihm die Frau und sorgte für ihn und die Jünger.

Ob Maria Magdalena jene Frau war, die Jesus die Füße wusch und salbte, ist nicht geklärt. Letztlich ist das auch nicht so entscheidend.

Sicher ist, daß Maria Magdalena für Jesus sehr wichtig war. Sie ging seinen Leidensweg mit, war unter dem Kreuz dabei und hielt in der schwersten Stunde zu Jesus. Sie war auch die erste, die Jesus nach seiner Auferstehung sehen durfte. Die Bibel berichtet uns, daß Maria Magdalena mit zwei anderen Frauen wohlriechende Öle gekauft hatte, um den Leichnam Jesu damit zu salben. Doch als sie ankamen, war das Grab leer. Der Evangelist Johannes schrieb: „Maria saß draußen vor dem Grab des Herrn und weinte. Da sah sie einen Gärtner und fragte ihn nach dem Leichnam Jesu. Aber der Gärtner, Jesus, sagte nur ein einziges Wort: Maria! Und Maria Magdalena erkannte Jesus, fiel ihm zu Füßen und stammelte glücklich: Mein Herr!"

Der Name Magdalena bedeutet: die aus Magdala.

Maria Magdalena wird als Patronin der Friseure und Weinhändler verehrt.

Wetterregeln:
Magdalena weint um ihren Herrn,
drum regnet's an ihrem Tage gern.

Regnet's am Magdalenentag,
folgt gewiß mehr Regen nach.

Manuel und Manuela

1. und 9. Oktober

Wer Manuel oder Manuela heißt, kann sich auf den Namen Jesu Christi berufen. Denn in der Bibel heißt es: „Seht die Jungfrau wird ein Kind empfangen. Sie wird einen Sohn gebären und man wird ihm den Namen „Immanuel" geben, das heißt: Gott mit uns."
Im 11. und 12. Jahrhundert lebte in Italien der **Heilige Emanuel**. Er war Bischof von Cremona in Italien. 1295 wurde er aus seiner Stadt vertrieben. Da flüchtete er in das Zisterzienserkloster Adwerth im norddeutschen Friesland, wo er am 1. Oktober 1298 starb. Nach seinem Tode haben sich an seinem Grabe viele Wunder ereignet.

Die **Heilige Emanuela Theresia** war die Tochter des Kurfürsten Max Emanuel von Bayern. Sie trat früh in das Angererkloster der Klarissen in München ein. Dort lebte sie in größter Frömmigkeit und Strenge mit sich selbst. Schon zu Lebenszeiten wurde sie von ihren Ordensschwestern als Heilige angesehen. Emanuela Theresia starb am 9. Oktober 1750. Ihre Gebeine ruhen seit 1809 in der Frauenkirche in München. Ihr Todestag, der 9. Oktober, ist auch ihr Gedenktag.

Die Namen Manuela und Manuel kommen aus dem Hebräischen und bedeuten: Gott ist mit uns.

Marcel

16. Januar

Marcel, der beliebte Name, ist französischen Ursprungs und geht auf Papst Marcellus I. in Rom zurück. Dieser lebte um das Jahr 300 herum, also in der Zeit der Christenverfolgung durch Kaiser Diokletian. Zu dieser Zeit mußten viele Christen sterben. An den Papst traute sich der Kaiser der Römer aber wohl nicht heran. Vielleicht fürchtete er einen Volksaufstand, wenn er ihn hätte umbringen lassen. Marcellus wurde schon ein Jahr nach seinem Amtsantritt von Kaiser Diokletian in die Verbannung geschickt. Dort ist er im Jahre 308/9 gestorben. Ob der 16. Januar, sein Gedenktag, sein Todes- oder Beerdigungstag ist, weiß man heute nicht mehr.
Seine Gebeine sind in der Priscillakatakombe in Rom begraben.

Der Name Marcellus kommt aus dem Lateinischen und ist eine Weiterbildung von Marcus. Er bedeutet: Sohn des Mars.

Margareta

20. Juli

Margarete, Margarethe, Margit, Marina, Marita, Margot, Margret, Margrit, Rita

Die Heilige Margareta stammt aus Antiochien (Griechenland) und war die Tochter eines heidnischen Edelmannes. Wahrscheinlich lebte sie in der zweiten Hälfte des 3. Jahrhundert. Margareta soll von einer Amme im christlichen Glauben erzogen worden sein. Als der Vater später erfuhr, daß die Tochter Christin geworden war, verstieß er sie. Damit nicht genug: Er zeigte sie sogar selbst beim römischen Kaiser Diokletian an. Dessen Statthalter in Antiochien, Olybius, versuchte noch, das Mädchen vom Christentum abzubringen. Er wollte Margareta heiraten. Doch Margareta erklärte, daß sie Christus allein liebte und ihm treu bliebe. Margareta wurde daraufhin ins Gefängnis geworfen und grausam gefoltert. Mit eisernen Kämmen haben ihr die Schergen des Kaisers die Haut aufgerissen.
Die Legende erzählt: In der Nacht erschien der Frau in ihrem Verlies ein furchtbarer Drachen und wollte sich auf sie stürzen. Margareta machte mit letzter Kraft ein Kreuzzeichen über das Untier und besiegte es. Der Drachen, den die Christin besiegte, ist ein Sinnbild für das Böse, die Versuchung und den Teufel. Nach dem Kampf schlief Margareta ein. Am nächsten Morgen waren die Verletzungen durch die Folter verschwunden. Als der Statthalter des Kaisers dieses Wunder sah, wurde er wütend. Erneut forderte er Margareta auf, den römischen Göttern zu opfern. Vergeblich. Er ließ sie mit brennenden Fackeln foltern und in eiskaltes Wasser

stoßen. Margareta hielt all dem stand. Schließlich ließ der Präfekt die Frau enthaupten. Aber noch kurz vor ihrem Tode betete Margareta um Verzeihung für ihre Feinde. Als Todesjahr dieser tapferen Frau nimmt man das Jahr 305 an.

Der Name Margareta kommt aus dem Griechischen und bedeutet: die Perle. Bei den Griechen heißt Margareta Marina.

Margareta gehört zu den 14 Nothelfern. Viele Kirchen sind der Heiligen geweiht. Sie wird auch als Patronin der werdenden Mütter, der Ammen und der Bauern verehrt.

Wetterregeln:
Regen auf Margaretentag
wohl viele Wochen dauern mag.

Gegen Margareten und Jakoben (25.)
die stärksten Gewitter toben.

Hat Margaret keinen Sonnenschein,
so kommt das Heu nicht trocken ein.

Neben der Heiligen Margareta von Antiochien werden noch andere Heilige mit diesem Namen verehrt: Margareta Maria Alacoque (Gedenktag 16. Oktober) und Margareta von Schottland (Gedenktag 16. November).

Maria

12. September, 8. September, 8. Dezember

*Ilka, Jasmine, Miriam, Myriam, Mirjam, Maja, Maya, Mareike, Marion, Marita, Marlies,
Mia, Mariella, Marietta, Marika, Ria, Mary, Maike, Meike, Vanessa*

Die heilige Maria, die Mutter Gottes, war eine Tochter von Anna und Joachim. Die Bibel schildert uns die junge Frau als bescheiden und zurückhaltend. Maria war verlobt mit dem Zimmermann Josef. Eines Tages erschien ihr der Engel Gabriel und brachte ihr eine seltsame Botschaft: „Du wirst einen Sohn empfangen und ihm den Namen Jesus geben!" Maria erschrak sehr. Schließlich war sie noch nicht verheiratet. Wie sollte das geschehen? Doch der Engel sagte nur: „Bei Gott ist nichts unmöglich!" Da fügte sich Maria Gottes Willen und dankte ihm für die große Gnade.

Als Josef erfuhr, daß Maria ein Kind erwartete, war er zutiefst enttäuscht. Aber auch ihm erschien ein Engel und berichtete, daß Gott selbst Maria zur Mutter seines Sohne ausgewählt habe. Josef heiratete daraufhin Maria und kümmerte sich rührend um sie.

Maria und Josef machten schwere Zeiten durch, bis schließlich Jesus im Stall von Betlehem zur Welt kam. Nach der Geburt des Kindes mußte die kleine Familie nach Ägypten fliehen, denn Herodes trachtete dem neugeborenen König nach dem Leben. Er fürchtete um seine Macht.

Später kehrten Maria, Josef und Jesus nach Nazaret zurück. Maria hatte viel Freude an ihrem Kind. Doch von dieser Zeit berichtet uns die Bibel nichts. Erst als Jesus zwölf Jahre alt ist, hören wir wieder von Maria. Sie suchte ihren Sohn und fand ihn bei den Gelehrten im Tempel von Jerusalem. Da erkannte Maria bereits, daß Jesus nicht nur ihr

Sohn, sondern vor allem der Sohn Gottes war. Und auch wenn es ihr furchtbar weh tat, wußte sie, daß sie sich nicht an dieses Kind klammern durfte.

Noch einmal vor dem Tod des Gottessohn hören wir von Maria. Während der Hochzeit zu Kanaan setzte Maria ihr ganzes Vertrauen in ihren Sohn – und wurde nicht enttäuscht. Jesus verwandelte Wasser in Wein und ersparte den Gastgebern damit eine Blamage. Zu der Zeit zog Jesus schon mit seinen Jüngern durch das Land und predigte vom Reich Gottes. Maria treffen wir erst unter dem Kreuz wieder – eine Mutter voller Schmerzen. Ein letztes Mal wandte sich ihr sterbender Sohn an sie und sagte zu seinem Lieblingsjünger Johannes: „Siehe da, deine Mutter!" Und zu Maria sagte er: „Siehe da, dein Sohn!" Johannes sollte sich künftig um Maria und Maria um Johannes kümmern! Jesus wollte nicht, daß die beiden Menschen, die er sehr lieb hatte, allein zurückblieben. Noch im Tode sorgte er sich also um seine Mutter.

Über das weitere Leben und den Tod von Maria wissen wir nichts Genaues mehr. Man nimmt an, daß sich Maria nach dem Tode Jesu und seiner Himmelfahrt manchmal mit den traurigen Jüngern getroffen hat, um sie in der schweren Zeit im Glauben zu ermutigen.

Maria ist als Muttergottes die meistverehrte Heilige der ganzen Christenheit. Die Kirche feiert insgesamt 17 Marienfeste. Ihr Namenstag wird außer am Fest Maria Namen (12. September) noch am

8. September (Maria Geburt) und am 8. Dezember (Mariä Empfängnis) gefeiert.

Der Name Maria ist ägyptisch-hebräisch und bedeutet: die Gott Liebende.

Maria ist Patronin der ganzen Christenheit.

Wetterregeln:
Wie sich's Wetter an Mariä Geburt verhält,
so ist es noch weiter vier Wochen bestellt.

Mariä Geburt
ziehen die Schwalben furt.

An Maria Namen
sagt der Sommer Amen.

Heilige Maria, bitte für uns Sünder, jetzt und in der Stunde unseres Todes. Amen.

Markus

25. April
Mark, Marco

Der heilige Evangelist Markus begleitete den Apostel Paulus auf seiner ersten Missionsreise. Markus hatte zwar nicht zu den Jüngern Jesu gehört, sondern war erst nach der Auferstehung des Herrn getauft worden, aber seiner Mutter soll das Haus gehört haben, in dem Jesus das Abendmahl gehalten hat. So hatte er Jesu Leben und Sterben aus nächster Nähe mitverfolgen können.

Später war Markus dann Schüler des heiligen Petrus, den er in Rom auch als Dolmetscher unterstützte. Dort in Rom soll Markus auch ab dem Jahr 61 sein Evangelium nach den Berichten des Petrus geschrieben haben. Dieses Evangelium hat Matthäus und Lukas vermutlich als Vorlage gedient. Markus war sein Leben lang ein Mann in der zweiten Reihe, ein dienender, bescheidener und gewissenhafter Begleiter. Erst nach dem Tod des von ihm sehr verehrten Lehrmeisters Petrus zog Markus selbst als Evangelist in die Welt. Er gründete die Kirche in Alexandrien (Nordägypten) und wurde deren erster Bischof. In Alexandrien ist er auch für seinen Glauben gestorben. Christenfeindliche Ägypter sollen ihn, so erzählt die Legende, mit einem Seil um den Hals zu Tode geschleift haben. Markus habe, so warfen sie ihm vor, das Ansehen der ägyptischen Götter gemindert. Seine Mörder wollten die Leiche verbrennen, aber ein Sturm mit Hagel und Blitzgewitter verhinderte das. So konnten die Christen die Leiche des Markus retten. Seefahrer brachten später die Gebeine des heiligen Markus auf abenteuerliche Weise von Alexandrien nach Venedig, wo sie 836 in der weltberühmten Markuskirche ihre letzte Ruhestätte gefunden haben. In Venedig befindet sich auch ein Denkmal

seines Evangelistenzeichens, des geflügelten Löwen. Dieses Zeichen findet sich auch im Stadtwappen von Venedig, das stets besonders stolz auf seinen Heiligen war. So nannte sich Venedig früher sogar Republik San Marco.

Der Name Markus ist lateinisch und bedeutet: Sohn, Schützling des Mars.

Markus ist der Patron der Maurer, Notare und Schreiber und Stadtpatron von Venedig. Er wird gegen Blitz und Hagel und einen plötzlichen Tod angerufen. Man erbittet von ihm auch eine gute Ernte. In den Alpenländern finden an seinem Gedenktag Bittgänge statt, um Gottes Segen für die Feldfrüchte zu erbitten.

Wetterregeln:

Gibt's an Markus Sonnenschein,
so bekommt man guten Wein.

So lange die Frösche vor Markus geigen,
so lange sie nach Markus schweigen.

Martin

11. November
Martina

Martin war der Sohn eines römischen Offiziers und wurde im Jahre 316 in Ungarn geboren. Sein Vater war mit ganzer Seele Soldat und zeigte seinem Sohn schon früh die Pferde, die Ritterrüstungen und Schwerter. Der Junge sollte mal so werden wie er, wünschte er sich. Dann mit 15 Jahren schickte er ihn als Reiter in die kaiserliche Armee. Martin war zwar kein begeisterter Soldat, seinem Vater zuliebe tat er aber seine Pflicht, war mutig und zuverlässig. Schon als junger Mann wurde Martin selbst zum Offizier ernannt.

Mit dem Heer kam der Soldat bis nach Gallien, dem heutigen Frankreich.
Dort geschah eines Tages das Wunder, an das sich alle Kinder am 11. November erinnern. An einem eiskalten Winterabend ritt Martin auf ein Lager bei Amiens zu. Vor den Stadttoren flehte ihn ein halbnackter hungriger Bettler um ein Almosen an. Aber Martin hatte nichts bei sich, was er dem armen Mann hätte geben können. Also nahm er kurzentschlossen seinen weiten Offiziersmantel und teilte ihn mit dem Schwert in zwei Stücke. Die eine Hälfte warf er dem frierenden Bettler zu, die andere behielt er für sich.
In der Nacht hatte Martin einen seltsamen Traum: Jesus Christus erschien ihm, bekleidet mit der einen Hälfte des Offiziersmantels, und sagte zu seinen Engeln: „Der ungetaufte Heide Martinus hat mir diesen Mantel gegeben." Diese Erscheinung machte Martin deutlich, daß sein Platz nicht in der Armee war. Er nahm Abschied vom Soldatendienst und ließ sich als 18jähriger taufen. Er wollte Soldat Christi werden.
Martin wurde Priester und ging als Missionar zurück in seine Heimat Ungarn. Hier versuchte er auch, seine Eltern zu bekehren. Bei seiner Mutter gelang es ihm, sie trat zum christlichen Glauben über und ließ sich taufen. Der Vater weigerte sich beharrlich. Später zog Martin wieder nach Frankreich zurück und gründete dort ein Kloster. Es war das erste Kloster im Abendland. Martin war in Frankreich inzwischen bekannt. Man liebte diesen klugen, bescheidenen Mann, der Kranke heilte und böse Geister

austrieb und sich vor allem um die Armen kümmerte.

Doch Gott hatte noch weitere Pläne mit seinem Soldaten. Eine große Aufgabe wartete auf Martin. Er sollte Bischof von Tours in Frankreich werden. So wünschten es auch die Menschen, die Martin über alles schätzten. Doch Martin wollte lieber in seiner ärmlichen Klosterzelle beten als auf dem prächtigen Bischofsstuhl sitzen.

Die Legende erzählt, daß sich Martin vor den Menschen, die ihn wegen dieser Aufgabe bedrängten, in einem Gänsestall versteckt habe. Doch die Gänse fingen laut an zu schnattern und verrieten so den künftigen Bischof. Martin sah ein, daß er Gottes Willen nicht entgegenstehen durfte und willigte ein, dieses Amt zu übernehmen. Eine große Menschenmenge begleitete ihn nach Tours und unter Glockengeläut wurde er zum Bischof gewählt.

Er übte das Bischofsamt fast 30 Jahre lang mit großer Bescheidenheit, aber mit Leidenschaft für seine Aufgabe aus. Martin starb am 8. November 397. Er war noch als 80jähriger unterwegs auf einer Seelsorgereise durch sein Bistum. Am 11. November wurde er begraben.

Zu seiner Beerdigung kamen Tausende von Menschen und trauerten um ihn. Von Anfang an verehrten sie Martin als Heiligen. Über seinem Grab bauten sie eine Holzkirche. Später wurde ein großer Dom errichtet. Als besondere Reliquie wird der Mantel des Heiligen verehrt. Mantel heißt auf lateinisch capella. Daher kommt das Wort Kapelle. Der Mantel des Heiligen Martin wird in Paris aufbewahrt in der „Sainte Chapelle", der Heiligen Kapelle.

In Rom wird auch eine **Heilige Martina** verehrt. Über ihr Leben ist wenig bekannt. Wahrscheinlich starb sie im 3. Jahrhundert den Märtyrertod. Ihr Gedenktag ist der 30. Januar. Die meisten Mädchen mit dem Namen Martina berufen sich aber auf den Heiligen Martin.

Der Name Martin kommt aus dem Lateinischen vom Kriegsgott Mars und bedeutet: der Kämpfer, der Streiter, der Krieger.

Martin ist der Patron der Reiter, Soldaten und Waffenschmiede. Er gehört zu den 14 Nothelfern und wird besonders in den Diözesen Hildesheim, Mainz, Rottenburg und Eisenstadt verehrt.

Um den **Martinstag** rankte sich früher ein ausgedehntes Brauchtum, von dem auch heute noch einiges erhalten ist. Der Martinstag wird häufig als Beginn des Winters betrachtet. Früher endete an diesem Tag das bäuerliche Jahr, der Pachtzins war fällig. Für die Dienstboten begann ein neues Jahr. Wer die Stelle wechselte, bekam eine Martinsbrezel mit auf den Weg. Zu Martin, wenn die Gänse am fettesten waren, wurden sie früher geschlachtet und am Sonntag verspeist. Das erinnert auch an die Legende, daß die Gänse Martin durch ihr Geschnatter verraten haben sollen, als sich dieser versteckte, um nicht Bischof werden zu müssen.

Wetterregeln:
Bringt Martini Sonnenschein,
tritt ein kalter Winter ein.

Wenn zu Martini die Gänse auf dem Eis gehn,
so müssen sie zu Winter im Regen stehn.

Wenn auf Martini Regen fällt,
ist's mit dem Winter schlecht bestellt.

Matthias

24. Februar
Mattias

Jesus hatte zwölf Jünger bestimmt, die seine Botschaft in die Welt tragen sollten. Diese zwölf Apostel stellten das Volk Israel mit seinen zwölf Stämmen sinnbildlich dar. Judas aber war ein Verräter. Für ihn wählten die Apostel Matthias als Ersatzmann. Er war die ganze Zeit über bei Jesus gewesen, von der Taufe durch Johannes bis zu Christi Himmelfahrt. Das Los hatte für Matthias entschieden. Gott hatte ihn bestimmt. So wird im Lukas-Evangelium erzählt. Matthias gilt als besonders eifriger Prediger. Er freute sich so sehr über seine Wahl zum Apostel, daß er von einem inneren Eifer beseelt, allen Menschen von Jesus Christus berichten wollte. Nach seiner Wahl verkündete er das Evangelium zunächst in seiner Heimat Judäa. Dann zog er nach Afrika. Im heutigen Äthiopien predigte er die Frohe Botschaft von Jesus Christus. Die Wahrheit seiner Worte bekräftigte er durch viele Wunder. Er heilte Kranke, Blinde, Lahme und Taube, trieb den Teufel aus und erweckte Tote zum Leben.
In Alexandrien soll er um das Jahr 63 herum von Heiden getötet worden sein. Wir wissen nicht genau wie, aber glauben, daß er zu Tode gesteinigt worden ist. Seine Reliquien wurden im 4. Jahrhundert von der heiligen Helena nach Trier gebracht. Dort werden sie in der Benediktinerkirche St. Matthias verehrt. Matthias ist der einzige Apostel, der in Deutschland begraben ist.

Der Name Matthias kommt aus dem Griechischen und bedeutet: Geschenk Gottes.

Matthias ist der Patron des Bistums Trier, der Bauschreiner und Metzger.

Wetterregeln:

Tritt Matthias stürmisch ein,
wird bis Ostern Winter sein.

Nach Mattheis
geht kein Fuchs mehr übers Eis.

Sankt Matthias hab' ich lieb,
denn er gibt dem Baum den Trieb.

Maximilian

12. Oktober

Max

Wer Maximilian heißt, kann seinen Namenstag am 12. Oktober feiern. Der 12. Oktober ist der Gedenktag von Bischof Maximilian. Dieser Bischof wurde im 3. Jahrhundert während der Christenverfolgung getötet.

Maximilian wurde in der römischen Provinz Norikum (heute Steiermark in Österreich) geboren. Er war der Sohn angesehener Eltern, die ihn von einem Priester im christlichen Glauben unterrichten ließen. Später wurde Maximilian selbst Priester und sogar Bischof. Das war zu jener Zeit äußerst gefährlich, denn die herrschenden Römer duldeten keine Götter neben sich und ihren eigenen Götzen. Viele Menschen wurden wegen ihres Glaubens verfolgt. Doch der mutige Maximilian tat alles, um seinen christlichen Mitbrüdern zu helfen. Dabei wurde er selbst gefangen genommen und gefoltert. Doch er bekannte sich tapfer zu seinem Glauben. Deshalb wurde er am 12. Oktober 218 mit dem Schwert hingerichtet.

Sein Grab ist in Bischofshofen im Salzburger Land.

Der Name Maximilian kommt aus dem Lateinischen und bedeutet: der größte Nacheiferer.

Maximilian ist der Patron der Bistümer Linz und Passau.

Mechthild

15. August

Mechtild

Mechthild kam im Jahre 1208 oder 1210 auf einer Burg bei Magdeburg in einer vermögenden, adligen Familie zur Welt. Schon als 12jährige widmete sie ihr Leben Gott, saß allein in ihrem Zimmer, las die Bibel und betete. Bereits damals passierten seltsame Dinge, Mechthild hatte mystische Erlebnisse. Das bedeutet: Die junge Frau sah und hörte Dinge, die andere nicht sehen und hören konnten. Mechthild wußte, daß es Gott war, der mit ihr sprach. Später, als sie schon über 40 Jahre alt war, notierte sie alle diese Gespräche und Gedanken. Die Veröffentlichung als Buch mit dem Titel „Das fließende Licht der Gottheit" erregte großes Aufsehen.

Mit 20 Jahren schloß sich Mechthild als Begine mit anderen Frauen zusammen. Beginen sind fromme Frauen, die sich außerhalb eines Klosters zu einer Gemeinschaft zusammenschließen, um Gott und anderen Menschen zu dienen. Unter der Leitung von Dominikanerinnen verzichtete Mechthild jetzt auf allen Wohlstand, den sie von zuhause aus

gewohnt war. Im Sinne des Heiligen Dominikus lebte sie in Einfachheit und Armut.
Noch mit 65 Jahren zog sie sich schließlich ganz in ein Kloster zurück. Mechthild starb über 80jährig als Klosterschwester. Schon damals stand sie im Ruf der Heiligkeit.

Der Name Mechthild kommt aus dem Altdeutschen und bedeutet: die mächtige Kämpferin.

Melanie

31. Dezember

Melania, Mela

Die heilige Melanie lebte von 388 bis 439. Sie war eine hochgebildete Frau und große Wohltäterin, denn sie war sehr begütert. Ihre Ländereien lagen über das ganze römische Reich verteilt. Einen Großteil davon hat sie verkauft und das Geld an die Armen verschenkt. In ihrem Haus in Rom richtete sie eine Herberge für Pilger ein. So fanden Christen, die zum Grab des Heiligen Petrus pilgerten, bei ihr eine Unterkunft.
Melanie stammte aus einer alten römischen Adelsfamilie der Valerier. Mit ihrem Mann Pinianus hatte sie zwei Kinder. Als diese früh starben, beschlossen die Eltern, nach Jerusalem zu pilgern. Dort gründete Melanie 417 ein Schwesternkloster auf dem Ölberg, an der Stelle, wo Jesus seinen Leidensweg begonnen hatte. In dieses Kloster zog sich Melanie auch nach dem Tode ihres Mannes zurück und lebte ein strenges Leben voller Buße und Gebete. Melanie starb am 31. Dezember 439 in Jerusalem.

Der Name Melanie heißt: die Schwarze.

Michael

29. September

Michel, Mike, Miguel, Mischa, Michaela

Die Geschichte erzählt vom Kampf des Erzengels Michael gegen Luzifer. Luzifer war einmal der höchste Engel. Er hatte sich gegen Gott erhoben. Doch mit dem Ausruf „Wer ist wie Gott?" wurde er von Michael in die Hölle gestoßen. Als Sinnbild des Bösen wird dieser Luzifer oft als Drache dargestellt.
Der Erzengel Michael wird schon lange verehrt. In Kirchen und Kapellen wird er als junger Ritter mit einem Flammenschwert abgebildet, der auf einem besiegten Drachen steht. Manchmal hält er auch eine Waage in der Hand: Michael entscheidet, ob jemand in den Himmel kommen kann. Die Franken verehren Michael als Schutzherrn der Christen im Kampf gegen die Heiden. So kann man auch seine Darstellung als Kämpfer verstehen: Michael schützt die Kirche vor den Angriffen des Bösen. Früher wurde nach der Messe stets auch ein Michaelsgebet gebetet.
Im 5. Jahrhundert ist Michael auf dem Berg Gargano in Süditalien erschienen. Hier wird seitdem eine Michaelsgrotte als Wallfahrtsstätte von Menschen aus aller Welt besucht. Aber auch anderswo wurden und werden Heiligtümer auf Bergen ("Michaelsberge") dem Erzengel geweiht.

Der Name Michael ist hebräisch und bedeutet: Wer ist wie Gott?

Michael ist der Patron der katholischen Kirche und des deutschen Volkes.

Der **Michaelstag** war mancherorts ein Feiertag, an dem nicht gearbeitet wurde und der Bauer seine Leute zum Essen einlud. Die Michaelikirchweih ist noch heute recht beliebt.

Wetterregel:
Kommt Michel heiter und schön, so wird es noch vier Wochen so gehn.

Monika

27. August

Nein, ein leichtes Leben war der Heiligen Monika nicht gegönnt. Die Mutter eines der größten Heiligen, Augustinus, mußte mit ihrer Familie viel Leid ertragen. Monika wurde 332 in Tagaste in Nordafrika in einem christlichen Elternhaus geboren. Als junges Mädchen wurde sie mit dem Beamten Patricius verheiratet, der Heide war. Obwohl Monika sehr unglücklich darüber war, hielt sie treu zu ihm. Mit großer Geduld und Kraft versuchte sie, ihn von der Wahrheit des Christentums zu überzeugen. Und ihre Ausdauer hatte Erfolg: Noch kurz vor seinem Tod ließ sich Patricius taufen. Das war eines der größten Freudenfeste für die Mutter von drei Kindern.

Einer ihrer Söhne, Augustinus, sollte später einmal sehr berühmt werden. Doch bis dahin würde Monika noch viele Tränen um ihn vergießen. Denn der hochbegabte junge Mann geriet während seiner Studienzeit auf die schiefe Bahn, verleugnete seinen Glauben und schloß sich einer Sekte an. Auch zu Frauen pflegte er einen leichtfertigen Umgang.

Obwohl Monika tiefunglücklich über das Leben ihres Sohnes war, ließ sie ihn nicht im Stich. Im Gegenteil: Sie folgte ihm nach seinem Studium nach Mailand, wo der berühmte Ambrosius lehrte und predigte. Hier erlebte Monika die Belohnung für ihre unermüdliche Arbeit: Augustinus bekehrte sich zum Christentum.

Monika fühlte, daß sie nicht mehr lange leben würde. Aber sie war beruhigt, ihren Sohn in der Obhut Gottes zurücklassen zu können. 387 starb Monika in Ostia bei Rom. Ihr Grab befindet sich in der Augustinuskirche in Rom. Der Gedenktag der Heiligen Monika ist der 27. August, einen Tag vor dem Festtag ihres Sohnes Augustinus.

Der Name Monika bedeutet: die Einsame.

Monika ist die Schutzpatronin der christlichen Frauen und Mütter. Sie wird angerufen für die Seelenrettung der Kinder.

„Ein Sohn so vieler Tränen kann nicht verlorengehen!"

Bischof Ambrosius über Monikas Sohn Augustinus

Natalie

1. Dezember und 27. Juli

Nathalie, Natalia, Natascha

Über die beiden Heiligen, die den Namen Natalie tragen, ist uns nicht viel überliefert. Sicher ist aber, daß beide gelebt haben.

Den Gedenktag der **Heiligen Natalie von Nikodemien** feiern wir am 1. Dezember. Sie war die mutige Frau eines römischen Offiziers. Dieser, mit Namen Hadrian, war Christ, und das zur Zeit der Christenverfolgung. Hadrian blieb seiner christlichen Überzeugung treu, auch als sein Dienstherr, der Christenverfolger Kaiser Maximian, davon erfuhr. Dieser ließ ihn foltern und schließlich zum Tode verurteilen. Seine Witwe Natalie hat sich daraufhin am Grabe Hadrians niedergelassen und dort bis zu ihrem Tod im Jahre 300 betend und Wohltaten spendend gelebt.

Natalie von Córdoba feiern wir am 27. Juli. Sie lebte mit ihrem Mann im heutigen Spanien, wo sie um 860 herum den Martertod erlitt. Sie wurde um 860 von Sarazenen in der Stadt Córdoba getötet. Dort wird sie auch ganz besonders verehrt.

Der Name Natalie kommt aus dem lateinischen „dies natalis" und bedeutet: die am Weihnachtstag, dem Tag Christi Geborene.

Nikolaus

6. Dezember

Niklas, Niko, Klaus, Nick, Nikita, Nicole, Nicoletta, Nikolaj, Nikola, Niels, Nils, Claudia, Klaudia, Coletta, Colin

Nikolaus lebte wahrscheinlich im 4. Jahrhundert als Bischof von Myra. Myra war eine Stadt am Meer in der heutigen Türkei. Sie lag in der Nähe der türkischen Stadt Demre an der Südwestküste. Das Leben dieses großen Heiligen hat man erst lange nach seinem Tod aufgeschrieben. So ist vielleicht manches seinem Leben hinzugedichtet worden. Aber das ist letztlich nicht so entscheidend. Wichtig und wahr ist: Nikolaus war der große Freund der Kinder, die seinen Gedenktag jedes Jahr mit Ungeduld erwarten. Die Legende beschreibt Nikolaus als Helfer in vielen Schwierigkeiten. So soll er einmal unschuldig eingesperrte Soldaten aus der Haft befreit, ein anderes Mal ein Kind aus der Gefangenschaft bei einem heidnischen König gerettet haben. Überliefert ist auch, daß er drei armen Mädchen heimlich Geld gab, damit sie heiraten konnten. Aus dieser Begebenheit leiten wir heute noch die Nikolausbescherung ab. Nikolaus rettete die Stadt Myra vor einer Hungersnot und Matrosen aus Seenot. Drei Schüler, die

ein geldgieriger Wirt erschlagen hatte, soll Nikolaus wieder zum Leben erweckt haben. Als Helfer in der Not war er stets zur Stelle, wenn man ihn brauchte. Deshalb zählt der Heilige Nikolaus heute auch zu den 14 Nothelfern. Der Todestag des Bischofs, der 6. Dezember, ist heute auch sein Gedenktag. Das Jahr ist nicht genau bekannt. Wahrscheinlich starb Nikolaus um 350.

Der Name Nikolaus kommt aus dem Griechischen und bedeutet: Volksbesieger.

Nikolaus ist der Schutzpatron von Rußland, der Seeleute, Weber, Metzger und Schüler. Er wird von Gefangenen um Hilfe angerufen gegen Diebstahl, falsches Urteil und für eine glückliche Heirat.

Wetterregel:
Regnet's an Sankt Nikolaus,
wird der Winter streng und graus.

Wer sich Klaus nennt, kann sich auch auf den heiligen **Nikolaus (Klaus) von Flüe** berufen. Dieser wird besonders in der Schweiz verehrt, wo er 1417 geboren wurde. Klaus von Flüe, ein Bauer und Vater von zehn Kindern, war ein frommer, stiller Mann. Nach großen inneren Kämpfen mit sich selbst zog er sich nach zwanzigjähriger Ehe als Einsiedler in die Einsamkeit zurück. Seine Familie hatte diesem Vorhaben zugestimmt. Als Bruder Klaus lebte er in Armut und Gebet in einer kleinen Klause. Doch er war ein gefragter Ratgeber. Kaiser, Könige und Bischöfe kamen von weit her, um sich von ihm beraten zu lassen. Bruder Klaus starb am 21. März 1487 und wurde 1947 heiliggesprochen. Sein Gedenktag ist der 25. September.

Oliver

11. Juli

Olivia

Oliver Plunket wurde 1629 in Irland geboren. Er war der Sohn adliger Eltern. Da er Priester werden wollte, studierte er am irischen Kolleg in Rom. 1654 wurde er zum Priester geweiht und später zum Professor ernannt. 1670 kehrte er als Erzbischof nach Irland zurück. Es waren schwere Zeiten für Oliver Plunket. Irland wurde von den protestantischen Engländern politisch und religiös unterdrückt. Nach 1674 konnte der treu katholische Oliver nur im Verborgenen wirken. 1679 wurde er in Dublin verhaftet. Sein Leidensweg begann. Man warf ihn in London wegen angeblicher Jesuitenverschwörung ins Gefängnis und kaufte falsche Zeugen, die gegen ihn aussagten. Schließlich wurde er in einem Schauprozeß als Landesverräter verurteilt und grausam getötet. Man hängte Oliver auf und vierteilte ihn. Damit wollte man andere Katholiken abschrecken. Olivers Todestag ist der 11. Juli 1681. Die Iren verehren Oliver schon lange als Märtyrer. 1920 wurde er selig- und am 12. Oktober 1975 endlich heiliggesprochen.

Ein anderer Heiliger mit Namen Oliver lebte von 1170 bis 1227 als Priester in Paderborn. Dieser Oliver nahm an einen Kreuzzug nach Jerusalem teil, um das Grab Christi zu befreien. Darüber hat er ein Buch geschrieben. Nach seiner Rückkehr ernannte der Papst ihn zum Bischof von Paderborn und holte ihn später als Kardinal zu sich nach Rom. Der Gedenktag vom diesem Heiligen Oliver ist ebenfalls am 11. Juli.

Der Name Oliver kommet aus dem Französischen und bedeutet: Ölbaumpflanzer.

Pascal

14. Mai und 17. Mai

Der schöne Name Pascal geht zurück auf den heiligen **Papst Paschalis,** der im 9. Jahrhundert in Rom lebte. Seine Eltern waren vornehme Leute und ermöglichten dem Sohn alle Studien. Als junger Mann trat Paschalis in das Kloster Sankt Stephan ein und wurde bald dessen Abt. Nach dem Tode des Papstes Stephan IV. wurde Paschalis Papst. Der damalige deutsche Kaiser Ludwig I. schloß einen Bund mit Paschalis I. und bestätigte ihm darin die Unabhängigkeit der Kirche. Um diese Frage gab es damals immer wieder Streit und sogar Krieg zwischen kirchlichen und weltlichen Mächten. Papst Paschalis machte sich verdient mit dem Bau und der Renovierung von Kirchen. Zu ihrer Verschönerung ließ er Künstler bis aus Griechenland kommen, die die Gotteshäuser mit kostbaren Mosaiken schmückten. Auch für die Mission machte sich Paschalis stark. Er schickte die ersten Missionare in den hohen Norden. Der Papst starb am 11. Februar 824. Sein Grab in St. Peter in Rom ist verschollen. Der Gedenktag von Papst Paschalis ist der 14. Mai.

Ein anderer Heiliger, **Paschalis Bayton,** verdient ebenfalls unsere Verehrung. Dieser wurde am 16. Mai in der Nähe von Madrid geboren. Er war der Sohn armer Eltern und mußte als Hirtenbub helfen, die Familie zu ernähren. Draußen bei den Schafen brachte er sich selbst ein wenig Lesen und Schreiben bei. Der Gutsherr, bei dem Paschalis diente, mochte den Jungen recht gern und wollte ihn adoptieren. Später sollte er dann sein Erbe werden. Doch alles kam anders. Paschalis hörte von den Franziskanern und ihrem Leben in Einfachheit und Armut. Als junger Mann trat er in ihren Orden ein und diente in verschiedenen Klöstern. Meistens war der Laienbruder im Speisesaal oder als Pförtner mit niedrigen Arbeiten beschäftigt. Aber seine Mitbrüder und alle Besucher der Klöster, in denen Paschalis arbeitete, erlebten ihn stets als überaus freundlichen und bescheidenen Mann. Er lebte sein Leben demütig und unauffällig. So unauffällig starb er auch eines Tages im Kloster Villareal bei Valencia. Sein Todestag ist der 17. Mai 1592. An seinem Grab in der Klosterkirche ereigneten sich viele Wunder. 1690 hat Papst Alexander VIII. den Laienbruder Paschalis heiliggesprochen. 1936, im spanischen Bürgerkrieg, wurden die Grabstätte der beliebten Heiligen zerstört und die Reliquien verbrannt.

Der Name Pascal ist die französisch-englische Form des lateinischen Namens Paschalis und bedeutet: der an Ostern Geborene.

Paschalis wird verehrt von den Hirten und Köchen.

Patrick

17. März
Patricia

Patrick gehört zu den ganz großen Heiligen. Er wurde 385 im Süden Britanniens, im heutigen England, geboren. Patricks Eltern waren Christen und ließen auch ihren Sohn taufen. Britannien gehörte damals zum großen römischen Reich, Soldaten wachten über die Sicherheit ihrer Kolonie. Trotzdem kam es öfter zu Überfällen von irischen Seeräubern. Dabei wurde der 16jährige Patrick nach Irland verschleppt und als Sklave verkauft.

Die Iren waren Heiden. Sie ließen den jungen Römer aus Britannien hart arbeiten. Trotzdem gelang es ihm, die schwere irische Sprache zu lernen. Das sollte ihm später noch viel nützen. Nach sechs Jahren gelang Patrick in einer stürmischen Herbstnacht die Flucht nach Frankreich. Dort studierte er Theologie und wurde zum Priester geweiht. Aber Patrick hatte Sehnsucht nach Irland, nach der grünen Insel. Er wollte den heidnischen Iren von Gott erzählen und ihnen das Christentum bringen.

Dieser Wunsch wurde Patrick vom Papst erfüllt. Als Bischof und Missionar kehrte er auf die Insel zurück, die er einst heimlich verlassen mußte. Patrick fuhr in den Norden und Westen. Er traute sich in Gegenden, wo noch niemand vom Christentum gehört hatte. Dort gelang es ihm, die Iren für Gott zu begeistern und sie zu glühenden Christen zu machen. Patrick baute viele Klöster und machte sie zu Bischofssitzen. Unter Patrick wurde Irland zur Insel der Kirchen und Klöster und die Iren zu einem der gläubigsten Völker der Welt.

Patrick ist wahrscheinlich 461 gestorben.

Er wird oft mit einem dreiblättrigen Kleeblatt in der Hand dargestellt. In alten Geschichten wird nämlich erzählt, daß der Missionar den Iren das Geheimnis der Dreifaltigkeit an Hand eines Kleeblatts erklärt habe.

In Erinnerung an ihren Missionar feiern die Iren alljährlich am 17. März ihren „St. Patricks Day" mit großen Festen und Paraden. Schulen und Geschäfte sind geschlossen, bei festlichen Einladungen werden die leckersten Gerichte des Landes serviert. An den Hüten und in den Knopflöchern tragen die Iren an diesem Tag dreiblättrige Kleeblätter.

Der Name Patrick kommt vom lateinischen patricius und bedeutet: der Patrizier, alter Adel, Adliger.

Patrick ist Nationalheiliger der Iren. Außerdem beschützt er die Bergleute, Friseure und Schmiede.

Petrus

29. Juni
Peter, Petra, Pit

Petrus war der Anführer der Apostel und einer der engsten Vertrauten seines Herrn. Petrus hieß eigentlich Simon. Zusammen mit seinem Bruder Andreas arbeitete er als Fischer am See Gennesaret. Da kam Jesus vorbei und forderte die Brüder auf: „Folgt mir, denn von jetzt an sollt ihr Menschenfischer sein." Und zu Petrus sagte er später: „Du bist Petrus, der Fels, und auf diesem Felsen will ich meine Kirche bauen!" Und er sagte auch: „Ich werde dir die Schlüssel des Himmelreiches geben." Durch diese Worte wurde der Apostel nach dem Tod Jesu zum ersten Oberhaupt der Kirche, zum ersten Papst.

Petrus war es, der am ersten Pfingstfest mutig auf die Straße ging und den Menschen dort von Jesus Christus erzählte. Doch nicht immer war Petrus so mutig gewesen. Denn er war es auch, der seinen Herrn dreimal verleugnet hatte, als er von den römischen Soldaten gefragt wurde, ob er nicht auch zu diesem Jesus gehöre. Und nach jeder dieser Lügen hatte ein Hahn gekräht, so wie Jesus es dem Petrus vorher prophezeit hatte.

Am Pfingsttag hielt Petrus seine erste flammende Rede, in der er sich zum Herrn bekannte, öffentlich, vor allen Menschen. Später wurde Petrus als

unerschrockener Prediger berühmt. Um ihn zu hören, strömten die Menschen auf seinen Missionsreisen von weither zusammen.

Auch in Rom, dem Mittelpunkt des damaligen römischen Weltreiches, hat Petrus das Wort Christi verkündet. Sein Schüler Markus hat nach seinen Predigten das Markus-Evangelium geschrieben. In Rom herrschte zu jener Zeit Kaiser Nero, ein berüchtigter Christenverfolger, der sich selbst als Gott verehren ließ. Nero duldete keinen Gott neben sich. Er ließ Petrus als Volksverhetzer verhaften und zum Tode am Kreuz verurteilen. Petrus jammerte und klagte nicht. Er äußerte nur eine einzige Bitte: Er wollte mit dem Kopf nach unten gekreuzigt werden, weil er nicht würdig wäre wie Jesus Christus zu sterben. Und so geschah es auch.

Petrus wurde am Fuße des Vatikanischen Hügels in Rom begraben. Über seinem Grab erhebt sich heute der Petersdom, die größte Kathedrale der Welt. St. Peter wurde von berühmten Baumeistern gebaut. Der wichtigste war dabei Michelangelo. Weil die Kirche am Fuße des „mons vaticanus" steht, spricht man heute noch vom Vatikan, wenn man den Sitz des Papstes meint und nennt den Papstthron „Stuhl Petri".

Am 29. Juni feiern wir auch den Gedenktag des Heiligen Paulus. Die beiden Apostel sind zwar nicht am selben Tag gestorben, aber ihre Lebensgeschichten sind eng miteinander verbunden.

Der Name Petrus ist lateinisch-griechisch und bedeutet: Felsen.

Petrus ist der Patron der Maurer und Steinhauer, der Fischer, Schlosser und Schmiede. Nach ihm nennen sich die Fischer Petrijünger.

Wetterregeln:

Regnet's am Sankt Peterstag,
es dreißig Tage regnen mag.

Regnet es an Peter und Paul
wird des Winzers Ernte faul.

Peter und Paul hell und klar
bringt ein gutes Jahr.

Philippus

3. Mai

Philipp, Phil, Philippine

Der heilige Philippus gehörte zu den zwölf Aposteln. Bevor Jesus ihn rief, war er Fischer am See Gennesaret, so wie sein Freund Andreas und dessen Bruder Simon, dem späteren Petrus. Dort traf ihn Jesus auf seinem Weg nach Galiläa und sagte zu ihm: „Folge mir nach!" Und Philippus folgte sofort, ohne auch nur einen Moment zu zögern. Denn er war überzeugt: Jesus ist der Messias!
Die Bibel erzählt mehrmals von Philippus und seiner absoluten Treue zu Jesus. Er wird erwähnt bei der wunderbaren Brotvermehrung und beim Abendmahl. Nach dem Tod Jesu und seiner Auferstehung verkündete Philippus das Evangelium in seiner Heimat. Später soll er dann in Phrygien in Kleinasien (der heutigen Türkei) missioniert haben. Trotz vieler Verfolgungen hat er dort viele Menschen zum Christentum bekehrt. Genaueres darüber, wie auch über seinen Märtyrertod, weiß man nicht.
Das Fest des heiligen Philippus wird zusammen mit dem des Heiligen Jakobus dem Jüngeren am 3. Mai gefeiert. Die beiden Apostel wurden nämlich zusammen in der Kirche „12 Apostel" in Rom begraben.

Am 26. Mai gedenkt die Kirche des **Philipp Neri.** Dieser Heilige war im 16. Jahrhundert in der Jugenderziehung in Rom tätig. Er galt als besonders lustig und humorvoll.

Der Name Philippus kommt aus dem Griechischen und bedeutet: Pferdefreund.

Philippus ist der Patron der Bäcker, Hutmacher und Krämer.

„Jeder sollte gern auf die Meinung eines anderen hören, wenn sie auch der seinigen widerspricht, und die Dinge von der guten Seite nehmen!" Philipp Neri

Wetterregel:
Auf Philippi und Jakobi Regen,
folgt ein sich'rer Erntesegen.

Robert

17. September
Bob, Robby, Robin, Roberta, Rupert

Der Heilige Robert Bellarmin war ein Gelehrter, der die meiste Zeit seines Lebens hinter Büchern verbracht hatte. Aber auch damit hat er der Kirche gedient als wichtiger Berater mehrerer Päpste. Denn Robert lebte in einer schwierigen Zeit.

Er wurde am 4. Oktober 1542 in der Toskana (Italien) geboren. Mit 18 Jahren trat er der „Gesellschaft Jesu" bei, studierte und wurde Priester. Die Jesuitenpatres aber hatten schon frühzeitig die besondere Begabung ihres jungen Mitbruders erkannt. Robert war ein begnadeter Prediger und hervorragender Pädagoge. So setzten sie ihn als Lehrer an ihrer Schule ein. Der Ruf dieses Mannes sprach sich herum bis nach Rom. Bald holte Papst Gregor XIII. den Jesuiten als Professor an sein Römisches Kolleg. Hier sollte Robert Klarheit bringen in die Verwirrungen der Reformationszeit, in der sich die evangelischen Christen von der katholischen Kirche abgespalten hatten.

Robert schrieb mehrere Bücher, in denen er immer wieder die Lehren der katholischen Kirche klar herausstellte. Seine „Kontroversen", so sein Hauptwerk, wurde damals die Grundlage für jede Diskussion über den Glauben. Und sein „Kleiner Katechismus", eine Glaubenslehre in Kurzform, erlebte 400 Auflagen und wurde in 56 Sprachen übersetzt. Nach einer Meinungsverschiedenheit mit dem Papst verließ Robert Rom, leitete drei Jahre lang die Jesuitenprovinz von Neapel und kehrte als Kardinal nach Rom zurück, das er später noch einmal verlassen mußte. Papst Paul V. schließlich behielt Robert in Rom und machte ihn zu seinem wichtigsten Berater. Er war damals auch mit dem berühmtesten Streitfall jener Zeit beschäftigt, dem Fall Galileo Galilei. In den letzten Lebensjahren lebte der Kardinal ganz zurückgezogen und wie schon sein ganzes Leben lang in großer Armut und Bescheidenheit. Kurz vor seinem Tode schrieb er sein letztes Buch: „Die Kunst des Sterbens". Robert starb am 17. September 1621. 1930 wurde Robert Bellarmin heiliggesprochen und 1931 zum Kirchenlehrer ernannt.

Der Name Robert kommt aus dem Althochdeutschen und bedeutet: der Ruhmglänzende.

Rosa

4. September und 23. August

Romy, Rosalinde, Rosalia, Rosalie, Rosamunde, Rosana, Rosemarie, Rosetta, Rosi, Rosina, Rosita, Sina

Zwei große heilige Frauen tragen den Namen Rosa. **Rosa von Viterbo** wurde um 1233 zu Viterbo nördlich von Rom geboren. Bis sie 17 Jahre alt war, lebte sie ziemlich ereignislos im Elternhaus. Dann wurde Rosa schwer krank. Ihre Eltern fürchteten um ihr Leben. Aber wie durch ein Wunder wurde Rosa geheilt. Ihr Leben hatte sich von diesem Tag an verändert. Die junge Frau trat in den Orden des Heiligen Franziskus ein und zog mit einem Kreuz in der Hand singend und betend durch die Straßen. Sie rief zur Treue gegenüber der Kirche auf und betete für ihre Not. Denn zu jener Zeit kämpften gerade Kaiser Friedrich und seine weltliche Macht gegen Papst Innozenz IV. und die Kirche in Rom. Der Bürgermeister von Viterbo stand auf Seiten des Kaisers und fühlte sich vom demonstrativen Christentum der jungen Ordensfrau provoziert. Er ließ sie und ihre ganze Familie aus der Stadt weisen. Rosa war damals 18 Jahre alt, gab aber nicht auf. Auch in der Verbannung predigte sie weiter und forderte die Menschen auf, treu zum Papst zu halten. Als der Kaiser gestorben war, konnte Rosa zurück nach Viterbo. Vergeblich versuchte sie, dort Aufnahme im Klarissenkloster zu finden. Das sollte ihr zu Lebzeiten aber nicht gelingen. Darüber war die junge Frau totunglücklich. Sie erkrankte schwer und starb im Jahre 1252. Ihre Gebeine wurden am 4. September 1258 in die Klarissenkirche übertragen. Deshalb ist dieser Tag ihr Gedenktag. Ihr Glasschrein ist heute das Ziel vieler Wallfahrer.

Rosa von Lima wurde am 20. April 1586 in Lima (Peru) geboren. Sie wird in ganz Südamerika als Heilige verehrt. Rosa trug eigentlich den Taufnamen Isabella. Sie wurde aber bald Rosa gerufen, weil ihre Mutter, so erzählt die Legende, nach der Geburt eine blühende Rose über der Wiege der Tochter schweben sah. Obwohl die hübsche junge Frau nach dem Willen ihrer Eltern einen wohlhabenden jungen Mann heiraten sollte, tat Rosa etwas Ungewöhnliches. Sie schnitt ihre schönen langen Haare ab und trat dem Dominikanerorden bei. Im Garten ihrer Eltern lebte sie in einer einfachen Bretterbude, ihrer Zelle, und gab sich ganz ihren Gebeten hin. Hier hatte sie viele mystische Erscheinungen, sah und hörte also Dinge, die andere nicht hören und sehen konnten. Nach einer schweren Krankheit starb Rosa von Lima am 24. August 1617. Viele sprachen schon damals von ihr als einer Heiligen. An ihrem Grab ereigneten sich immer wieder Wunder. 1671 wurde Rosa von Lima offiziell heiliggesprochen. Ihr Gedenktag ist der 23. August.

Der Name Rosa kommt aus dem Lateinischen und bedeutet: Rose.

Sabina

29. August
Sabine, Sabrina

Sabina war eine reiche heidnische Witwe in Rom. Nachdem ihr Mann aus einem Krieg nicht mehr heimgekommen war, kümmerte sich Sabina zu jener Zeit aufopferungsvoll um alte und kranke Menschen, denen sie sogar ihr Haus zur Verfügung stellte. Sie half überall, so gut sie konnte.
Von Seraphia, ihrer christlichen Dienerin, ließ sich Sabina zum christlichen Glauben bekehren. Sie ließ sich taufen und setzte sich von da an für die verfolgten Christen in Rom ein, indem sie ihnen Unterschlupf bot. Christ zu sein war in jener Zeit in Rom verboten und lebensgefährlich. Die römischen Kaiser hielten sich selbst für Götter und duldeten keine Götter neben sich. Eines Tages wurde auch Seraphia, die treue Dienerin, als Christin erkannt. Weil sie nicht bereit war, von ihrem Glauben zu lassen, verurteilte man sie zum Tode. Mit aller Macht setzte sich Sabina für die junge Frau ein. Vergeblich! Seraphia wurde zu Tode geprügelt.
Aber auch Sabina hatte sich durch ihren Einsatz für eine Sklavin verdächtig gemacht. Als sie gefragt wurde, bekannte sie sich ebenfalls zum Christentum. Daraufhin wurde auch Sabina zum Tode verurteilt und enthauptet. Das passierte im Jahre 127. Sabina wird heute besonders in der Kirche „Sancta Sabina" auf dem Aventin, einem der sieben Hügel Roms, verehrt.

Der Namen Sabina kommt aus dem Lateinischen und bedeutet: aus dem Stamme der Sabier.

Sabina ist die Patronin der Hausfrauen und Kinder.

Sarah

9. Oktober

Sara, Zarah, Sarina

Saraj, so schrieb man früher ihren Namen, lebte um 1800 vor Christus. Sie war die Frau des Stammvaters der Juden, Abraham, und Mutter des Isaak. Im Alten Testament steht darüber, daß Gott selbst eine Botschaft an Abraham schickte, der damals schon hundert Jahre alt war. Saraj war 90 Jahre alt. Immer wieder hatten die beiden Gott um ein Kind gebeten.

Nach dieser göttlichen Verheißung gebar Saraj ihren Sohn Isaak, so wie Gott es geplant hatte. Und Gott gab der Mutter den Namen „Sara". Das heißt Fürstin.

Sara und Abraham lebten ein Leben im Glauben an Gott. Im Buch Genesis der Bibel steht geschrieben, daß Sara 127 Jahre alt geworden und im Land Kanaan gestorben ist. Abraham begrub seine Frau in der Höhle Machpela in Hebron. Diese Höhle steht auf dem ersten Stück Erde, das Abraham im Verheißenen Land erworben hatte. Saras Grab und neben ihr das Abrahams sind noch heute in Hebron zu sehen.

Der Name Sarah ist hebräisch und bedeutet: Fürstin, Herrin.

Sebastian

20. Januar

Bastian

Der heilige Sebastian ist zwischen 250 und 300 in Mailand (Norditalien) aufgewachsen. Als kaiserlicher Offizier kam er nach Rom.

Sebastian war heimlich Christ. Er half, so gut er konnte, anderen verfolgten Christen und besuchte sie in ihren Gefängnissen. Als der brutale Kaiser Diokletian davon hörte, fühlte er sich verhöhnt. Voller Wut ließ er Sebastian, seinen Offizier, an einen Pfahl binden und von Pfeilen durchbohren. Doch Sebastian war noch nicht tot. Er erholte sich bei einer frommen Witwe von diesem grausamen Martyrium und bekannte sich erst recht zu seinem Glauben. Jetzt wollte Sebastian sogar den Kaiser von seiner Verfolgungswut gegen die Christen abbringen, wurde aber enttäuscht. Diokletian ließ ihn mit Keulen erschlagen. Über seinem Grab in Rom steht heute die Kirche San Sebastiano.

Der Name Sebastian ist griechisch und bedeutet: der Verehrungswürdige.

Sebastian ist der Patron der Soldaten, Schützen und Büchsenmacher.

Wetterregel:
Fabian, Sebastian
fängt der rechte Winter an.

Simon

28. Oktober

Simone

Der heilige Simon gehörte zu den zwölf Aposteln. Zur Unterscheidung von Petrus, der auch Simon hieß, bevor Jesus ihn gerufen hatte, trug dieser Simon den Beinamen „der Zelot". Vor seiner Berufung zum Apostel hatte er der jüdischen Partei der Zeloten angehört.
Wir wissen heute nur noch wenig über Simons Leben. Es heißt, daß er nach Christi Himmelfahrt zusammen mit dem heiligen Judas Thaddäus in die Diaspora gegangen ist, also in die Länder, in denen die Juden in der Minderzahl waren.
Judas Thaddäus war ein Verwandter von Jesus. Zusammen sollen sie gepredigt haben und für Jesus gestorben sein. Angeblich ist Simon von seinen Feinden zersägt worden.
Am 28. Oktober, Simons Gedenktag, wird auch des Heiligen Judas Thaddäus gedacht.

Der Name Simon ist hebräisch und bedeutet: Gott hat erhört.

Simon ist der Patron der Waldarbeiter und Holzfäller.

Wetterregel:
Simon und Juda, die zwei,
führen oft Schnee herbei.

Sophia

15. Mai

Sophie, Sofie, Sonja

Die Heilige Sophia war eine römische Christin zur Zeit der Christenverfolgung unter Kaiser Diokletian um das Jahr 300. Die Legende erzählt, daß Sophia sich um Christen kümmerte, die sich vor dem schrecklichen Kaiser versteckt hielten. Doch eines Tages wurden alle entdeckt, angezeigt und verurteilt. Auch Sophia. Sie alle erlitten den Martertod. Die Reliquien von Sophia wurden später in der Kirche S. Martino ai Monti in Rom beigesetzt. Ein Teil davon soll von Bischof Remigius auch in das Frauenkloster Eschau im Elsaß gebracht worden sein. Der Name Sonja ist die russische Kurzform von Sophia.

Der Name Sophia kommt aus dem Griechischen und bedeutet: Weisheit.

Sophia wird angerufen gegen Spätfröste und für ein gutes Gedeihen der Feldfrüchte. Die „Kalte Sophie" ist bei den Bauern und Gärtnern überhaupt nicht beliebt. Denn sie gehört zu den Eisheiligen (Pankratius, Servatius, Bonifatius und Sophie). Das heißt: Am Tag der Sophia, am 15. Mai, wenn viele Bäume und Blumen schon blühen, kommt manchmal noch große Kälte, so daß die Blüten erfrieren.

Stephanus

26. Dezember

Stefan, Stephan, Stefanie, Steffen, Steffi, Steven

Der heilige Stephanus war der erste Märtyrer der Kirche und wird deshalb auch Erzmärtyrer genannt. Er lebte in Jerusalem und wurde von den Aposteln als Diakon zur Unterstützung ihrer Arbeit gerufen. Stephanus half beim Einsammeln von Geld und Kleidung und bei der Versorgung der Armen. Aber dieses Amt füllte seine Kraft auf Dauer nicht aus, denn er war auch ein begnadeter Prediger. Alles in ihm drängte ihn, zu anderen Völkern zu gehen und von dem wundersamen Geschehen um Jesus Christus in Jerusalem zu berichten.

Die Apostel stimmten dem zu und Stephanus begann mit seiner Glaubensverkündigung. Seine Predigten waren stets ein glühendes Bekenntnis seiner Liebe zu Jesus Christus. Stephanus sprach nicht zu den Menschen, nein, er begeisterte sie mit flammenden Reden und zog sie geradezu in ihren Bann.

Damit forderte er den Mißmut der Pharisäer in den Synagogen heraus. Sie fühlten sich außerdem in Streitgesprächen mit dem redebegabten Stephanus deutlich unterlegen. So schwärzten sie ihn bei Gericht an. Die Anklage lautete: Aufwiegelung und Volksverhetzung. Die glänzende Verteidigungsrede des Predigers kann man noch heute in der Apostelgeschichte der Bibel nachlesen. Der Hohe Rat war völlig hilflos. Mit Worten war dieser Mann nicht zu schlagen. Während des Prozesses passierte auch noch ein Wunder: Den Richtern erschien das Gesicht des Stephanus als Gesicht eines Engels. Völlig geblendet gaben sie schließlich auf.

Wegen Gotteslästerung verurteilten sie den Angeklagten zum Tode.

Man schleppte den mutigen Prediger vor die Mauern der Stadt Jerusalem und ließ ihn steinigen. Stephanus jammerte und klagte nicht. Vielmehr betete er laut und rief kurz vor seinem Tode aus: Herr, rechne ihnen diese Sünde nicht an!

Bei der Steinigung stand auch Saulus dabei. Aus ihm wurde später nach seiner Bekehrung zum christlichen Glauben der heilige Paulus. Auch dieses Wunder der Bekehrung wird dem heiligen Stephanus zugeschrieben. Nach dem Tode ihres Glaubensbruders im Jahre 40 nach Christus bekam die junge Christengemeinde große Angst. Viele flohen aus Jerusalem und zerstreuten sich in alle Welt. Wo sie sich niederließen, predigten sie von Jesus Christus. Damit begann die eigentliche Missionierung, so wie Jesus sie gewollt hatte.

Der Name Stephanus ist griechisch und bedeutet: der Bekränzte.

Stephanus ist der Patron der Pferdekutscher und Pferdeknechte.

Der Stephanstag ist ein großer Pferdetag, der vielerorts durch Umritte, Pferde- und Viehsegnungen begangen wird.

Wetterregeln:

Scheint am Stephanstag die Sonne, so gerät der Flachs zur Wonne.

Windstill muß Sankt Stephan sein, soll der nächste Wein gedeih'n.

Susanna

11. August

Susanne, Susi, Sanne

Die Heilige Susanna lebte zur Zeit der Christenverfolgung in Rom. Sie war die außerordentlich hübsche Tochter eines Beamten und eine entfernte Verwandte des Kaisers Diokletian. Susanna war eine überzeugte Christin, was zu jener Zeit (um 304 herum) äußerst gefährlich war. Und ausgerechnet jener Kaiser Diokletian, der durch seine grausame Christenverfolgung zu trauriger Berühmtheit gelangte, begehrte die schöne Susanna als Frau für seinen Sohn. Die junge Christin weigerte sich und wurde in den Kerkern des Kaisers eingesperrt. Dort sollte sie in Ruhe über das Heiratsangebot nachdenken. Doch das half alles nichts.

Susanna blieb standhaft und sagte nein. Schließlich ließ Diokletian sie wieder laufen. Aber in ihm nagte der Ärger über das selbstbewußte junge Mädchen, das es gewagt hatte, ihm eine Abfuhr zu erteilen. Erneut schickte er ihr seine Werber, doch Susanna gab dem Drängen wieder nicht nach. Da wurde sie in ihrem eigenen Haus von den Schergen des Kaisers grausam ermordet und verscharrt.

Der Name Susanna kommt aus dem Griechischen und bedeutet: Lilie.

Susanna ist Patronin gegen Regen, Unglück und Verleumdung.

Sven

4. September

Svenja, Suitbert, Switbert

Suitbert, von dem sich der Name Sven ableitet, war ein Graf in England. England und Irland waren zu jener Zeit blühende Inseln des Christentums.
Um auch die Heiden auf dem Festland zu bekehren, kam Suitbert 690 als „Wanderbischof" über das Meer in die Niederlande und später nach Deutschland, ins heutige Südwestfalen. Hier versuchte er die Brukterer, ein ziemlich rauhes Volk zwischen Ruhr und Lippe, zu missionieren. Ganz langsam nur konnte er deren Vertrauen erwerben, indem er ihnen zeigte, wie man Äcker bestellte, Vieh züchtete und Sümpfe trockenlegte. Doch nach einer Weile mußte der Missionar feststellen, daß er mit seiner eigentlichen Aufgabe, dem Überbringen des Christentums, kaum Erfolg hatte und zog sich zurück. Später errichtete er auf der Rheininsel Kaiserswerth bei Düsseldorf ein Kloster, um Missionare auszubilden. Hier ist er auch im März 713 gestorben und begraben worden.

Der Name Suitbert (Sven) bedeutet: durch Kraft glänzend.

Tatiana

12. Januar
Tatjana, Tanja

Schon in den ersten christlichen Jahrhunderten starb Tatiana in Rom den Märtyrertod für Christus. Über ihr Leben ist wenig Sicheres bekannt. Die Legende erzählt, daß Tatiana, die Tochter eines Konsuls der Römer, heimlich Christin war. Das war bei Todesstrafe verboten. Tatiana wurde angezeigt und gefangengenommen. Als man sie in den Tempel Apollos führte, wo sie dem Götzen ein Opfer bringen sollte, betete Tatiana laut zu Gott. Da erschütterte ein Erdbeben den Boden und der Tempel stürzte zusammen. Tatianas Gegner kamen in den Steinmassen um. Aber die Christin blieb unverletzt. Doch ihr Leidensweg ging weiter. Um Tatiana von ihrem Glauben abzubringen, wurde sie schrecklich gequält und mißhandelt. Tapfer betete sie zu Gott und bat ihn um Verzeihung für ihre Feinde. Sie wurde mit dem Schwert hingerichtet.

Theodor

9. November

Thorsten, Torsten, Theo, Theodora

Der Heilige Theodor von Euchaita war ein christlicher Soldat im Heer des Kaisers Maximian. Dieser Kaiser erlangte als Christenverfolger traurige Berühmtheit. Als er hörte, daß auch in seinem Heer christliche Soldaten dienten, verlangte er, daß sie ihrem Glauben abschwörten. Dann würde ihnen nichts passieren. Der Soldat Theodor war seinem Kaiser treu ergeben. Mehr aber noch fühlte er sich Jesus Christus verpflichtet. Mutig bekannte er sich zu seinem Glauben. Theodor wurde verhaftet. Doch der Kaiser wollte ihn nicht verlieren und gab ihm erneut eine Chance, vom christlichen Glauben abzulassen. Man legte ihm sogar nahe, nur zum Schein den römischen Göttern zu opfern. Dann wäre dem Soldaten nichts passiert. Des Kaisers Leute aber kannten Theodor schlecht. Um zu zeigen, wie ernst es ihm mit dem Christentum war, steckte er einen Göttertempel der Römer in Brand. Natürlich wußte Theodor, was das für ihn bedeutete: Eine solche Provokation konnte sich der Kaiser nicht bieten lassen. Nach grausamen, tagelangen Martern wurde Theodor bei lebendigem Leibe verbrannt. Das war im Jahre 306.

Der Name Theodor heißt übersetzt: Gottes Geschenk.

Theresia

15. Oktober und 1. Oktober

Thea, Teresa, Therese, Resi

Zwei große Heilige tragen den Namen Theresia. Such dir aus, an welchem Tag du deiner Namenspatronin gedenken willst.
Die Heilige **Theresia von Avila** wurde am 28. März 1515 in Avila (Spanien) als Tochter frommer Eltern geboren. Sie erzogen Theresia so gläubig, daß sich diese schon als Kind gewünscht haben soll, als Märtyrerin zu sterben. Nach einer Jugendzeit, die die außerordentlich hübsche Theresia (spanisch Teresa) voller Spaß und Eitelkeit hinter sich brachte, trat die junge Frau in ein Kloster ein. Auch hier verlebte sie die ersten Jahre mehr mit ihren Bekannten und Verwandten beim Plaudern als im Gebet. Nach einer schweren Krankheit aber änderte Theresia ihr Leben. Sie wurde ernster und wandte sich mehr als vorher Gott zu.
Doch erst nach 20 Jahren im Kloster ereignete sich dann ein Wunder, das ihr weiteres Leben radikal verändern sollte. Sie hatte eine Erscheinung und sah das Leiden Christi deutlich vor sich. Theresia war erschüttert. Diese Vision machte aus der leichtlebigen Theresia eine

strenge und konsequente Mystikerin. Mystiker sind Menschen, die Begebenheiten sehen und hören, die normalen Menschen verborgen bleiben. Von jetzt an sorgte die vorher leichtlebige Theresia dafür, daß sich das Klosterleben völlig änderte. Sie setzte sich für feste Regeln ein und sorgte dafür, daß Gott und sein Sohn Jesus Christus, den sie hatte leiden sehen, bei allem Schaffen wieder im Vordergrund standen.

Dadurch wurde sie zur großen Reformerin, was ihr bei ihren Mitschwestern nicht nur Freundschaft eintrug. Schließlich trennte sie sich mit einigen Gleichgesinnten von den Karmelitinnen ab und gründete den Orden der „Unbeschuhten Karmelitinnen", dessen strenge Grundsätze in 70 Klöstern befolgt wurden. Danach hatte die strenge Ordensfrau jahrelang unter den Angriffen ihrer früheren Mitschwestern zu leiden. Theresia starb am 4. Oktober 1582. Ihre Gebeine ruhen im Kloster Alba de Tormes, das von Theresia 1571 gegründet wurde. Ihr Gedenktag ist der 15. Oktober.

Theresia von Avila ist die Nationalheilige Spaniens.

„Nichts verwirre dich, nichts erschrecke dich, alles geht vorüber, Gott ändert sich nicht. Die Geduld erreicht alles. Wer Gott besitzt, dem mangelt nichts; Gott allein genügt." Theresia von Avila

Theresia von Lisieux wird auch die „kleine heilige Theresia" genannt. Sie wurde 1873 in der Normandie in Frankreich geboren und trat schon mit 15 Jahren ins Kloster ein. Dazu wählte sie den strengen Orden der Karmelitinnen in Lisieux. Als sie gefragt wurde, warum sie ins Kloster wollte, soll sie geantwortet haben: „Um Seelen zu retten!" Theresia war lange Zeit krank und mußte viel leiden. Das aber hielt sie vor ihren Mitschwestern geheim, sie blieb immer fröhlich und betete viel. Mit nur 24 Jahren starb die heilige Theresia am 30. September 1897. 1925 wurde sie von Papst Pius XI. heiliggesprochen und 1927 zur Patronin der Weltmission ernannt. Ihr Gedenktag ist der 1. Oktober. Ihr Glasschrein in der Kathedrale in Lisieux ist noch immer das Ziel von Hunderttausenden von Pilgern.

Der Name Theresia ist schwer zu übersetzen. Er bedeutet in etwa: die von der Insel Thera.

Theresia von Lisieux ist die zweite Patronin Frankreichs und Patronin für die Weltmission.

„Ich werde vom Himmel her Rosen regnen lassen!" *Theresia von Lisieux*

Thomas

3. Juli

Tomas, Tom

Thomas gilt als besonders treu ergebener Jünger Jesu. Vor seiner Berufung durch Jesus war er Fischer in Galiläa. Auch wenn die anderen Jünger manchmal Angst hatten, Thomas stand stets treu an Jesu Seite und vertraute ihm. Er wollte ihm folgen bis in den Tod. Bekannt ist Thomas aber auch als der Ungläubige. Als ihm die Jünger nach der Auferstehung erzählten: „Unser Herr und Meister lebt!" blieb Thomas skeptisch. Zu traurig war er über Jesu Tod. Da erschien ihm der Auferstandene und zeigte ihm seine Wunden.
Thomas verkündete später das Evangelium in Äthiopien und Indien. Die Legende erzählt, daß Thomas auch als Bauherr für den indischen König Gundaphar tätig war, den er zum Christentum bekehrt habe.
In Indien haben noch lange Zeit Nachfahren der von Thomas Getauften als Thomas-Christen gelebt. Im Jahr 72 wurde der Apostel auf einer Missionsreise in der Nähe der indischen Stadt Madras erstochen. Dort gibt es bis heute den „Großen Thomasberg", auf dem 1547 zum Gedenken an den Heiligen eine Kirche errichtet wurde.

Der Name Thomas kommt aus der aramäischen Sprache und bedeutet: der Zwilling.

Thomas ist Patron der Bauleute und Architekten.

Tobias

13. September

Tobias steht im Mittelpunkt des gleichnamigen Buches im Alten Testament. Es ist die Geschichte von Vater und Sohn. Vater Tobias (auch oft als Tobit bezeichnet) war ein frommer Jude. Auch in der Gefangenschaft in Ninive hielt er seinem Gott die Treue. Dafür mußte er viel Spott erleiden. Andererseits wurde er wegen seiner Barmherzigkeit und Nächstenliebe sehr geachtet.
Mit 56 Jahren verlor der alte Tobias sein Augenlicht, das ihm später aber auf wundersame Weise wiedergeschenkt wurde.

Sein Sohn, der junge Tobias, wurde auf einer Reise vom Erzengel Raphael begleitet und beschützt. Vater und Sohn erreichten beide ein gottgesegnetes hohes Alter.

Der Name Tobias kommt aus dem Hebräischen und bedeutet: Gott ist gut.

Tobias ist der Patron der Pilger und Reisenden und wird angerufen bei Augenleiden.

Ulrich

4. Juli
Udo, Ulli, Uli, Ulrike, Uwe

Der Heilige Ulrich wurde 890 in Augsburg geboren. Seine Eltern waren adlig und vermögend. Sie schickten den Sohn zur Erziehung in das Kloster Sankt Gallen. Dort wurde er auf den Priesterberuf vorbereitet. Als der Vater starb, kehrte Ulrich in seine Heimatstadt zurück und half der Mutter bei der Verwaltung der Güter.

Ulrich war in der Bevölkerung wie im Adel äußerst beliebt. So schlug man den jungen Priester zum Bischof von Augsburg vor. Am 28. Dezember wurde er geweiht – mit nur 33 Jahren! Da er persönlich in großer Bescheidenheit lebte, liebte ihn das Volk über alle Maßen. Diesem ihren Bischof verdankt die Stadt Augsburg auch ihre Rettung vor den heidnischen Ungarn. Bei der berühmten Schlacht auf dem Lechfeld schlug Bischof Ulrich im Jahre 955 mit seinen Soldaten die Feinde in die Flucht. Zum Dank für die Rettung der Stadt ließ Ulrich den Augsburger Dom bauen. Sein Leben widmete Ulrich den Armen. Für sie baute er ein Hospital, gab ihnen Essen und Unterkunft. Stets war Ulrich zur Stelle, wenn man ihn brauchte. 83jährig starb Ulrich am 4. Juli 973 in Augsburg. Er wurde von seinem Freund, dem Bischof Wolfgang von Regensburg, in der Kirche St. Afra begraben. Bereits 993, also nur 20 Jahre nach seinem Tod, wurde Ulrich in einem feierlichen Prozeß heiliggesprochen. Er war der erste Heilige, der in die Liste der Heiligen eingeschrieben (kanonisiert) wurde.

Der Name Ulrich kommt aus dem Althochdeutschen und bedeutet: Herrscher über das Geerbte.

Ulrich ist der Patron von Augsburg, der Weber, Winzer, Fischer und Reisenden.

Ursula

21. Oktober

Ulla, Uschi, Ursel, Urs

Die Geschichte der Ursula ist schon sehr alt. Und heute weiß keiner mehr ganz genau, ob alles so passiert ist, wie es uns die Legende der Heiligen überliefert hat. Eines aber ist ganz gewiß: Mit der Verehrung der Heiligen Ursula und ihrer Gefährtinnen loben wir die Standhaftigkeit und den Glaubensmut aller Heiligen. Ursula, so erzählt uns die Legende, war die Tochter eines britischen Königs und lebte im 3. oder 4. Jahrhundert. Sie war Christin und hatte ihr Leben Christus geweiht. Doch der heidnische Königssohn Aetherius aus der Bretagne in Nordfrankreich wollte die wunderschöne Ursula heiraten. Was sollte die junge Frau tun? Wenn sie sich weigerte, drohte dem ganzen Land ein Krieg. Da hatte Ursula eine Eingebung: Sie führte eine geschickte Verhandlung und erreichte, daß der Prinz drei Jahre warten würde. In dieser Zeit müßte Aetherius zum christlichen Glauben beitreten.
Nach der vereinbarten Wartezeit segelte Ursula mit zehn Freundinnen los, wollte aber vor der Eheschließung noch zu einer Wallfahrt nach Rom segeln. Diese Freundinnen sollen ihrerseits noch jede 1000 Gefährtinnen mitgenommen haben. Diese große Zahl, die als „Ursula und ihre 11000 Gefährtinnen" überliefert ist, beruht aber wohl auf einem Leseirrtum aus alten Urkunden.
Die Geschichte erzählt weiter, daß die Jungfrauen mit ihren Segelschiffen in einen Seesturm gerieten und vom Kurs abkamen. Schließlich segelten sie den Rhein hinauf bis nach Köln. Die christliche Stadt Köln aber war von den heidnischen Hunnen belagert, einem

grausamen und wilden Volk vom asiatischen Festland. Denen kamen die jungen Frauen gerade recht. Sie ergriffen die Jungfrauen, schleppten sie in ihr Zeltlager und fielen über sie her. Als sich die Frauen gegen die betrunkenen Banditen wehrten, wurden sie fürchterlich mißhandelt. Ursula, ihre schöne und mutige Anführerin, aber rief laut aus: „Nur Jesus Christus wollen wir gehören! Bis zum Tode sind wir seine Bräute!"
Alle christlichen Jungfrauen wurden getötet. Nur Ursula blieb am Leben. Der heidnische Hunnenkönig wollte die hübsche Frau heiraten. Aber wieder weigerte sich Ursula. Da wurde der Hunnenfürst so wütend, daß er sie mit einem Pfeilschuß tötete. Über ihrem Grab wurde später die bekannte Kölner Ursulakirche gebaut. Ihr Gedenktag ist der 21. Oktober.

Der Name Ursula kommt vom lateinischen ursus = der Bär. Ursula ist die Verkleinerungsform und bedeutet: kleine Bärin.

Die Heilige Ursula ist mit den Heiligen Drei Königen zusammen die Schutzheilige von Köln. Sie ist Patronin der Jugend, der Lehrerinnen und Tuchhändler. Viele der Gefährtinnen Ursulas werden ebenfalls als Heilige verehrt, wie beispielsweise: Kordula, Cäcilia und Verena.

Wetterregeln:
Sankt Ursulas Beginn
zeigt auf den Winter hin.

Ursula bringt's Kraut herein,
sonst schneien Simon und Juda drein.

Ute

27. November und 23. Oktober
Oda, Odette, Uta

Mädchen, die Ute und Uta heißen, leiten ihren Namen von Oda ab. Wir kennen zwei Heilige mit diesem Namen.
Die heilige **Oda von Belgien** kam von Irland, der „Insel der Heiligen". Seit der heilige Patrick dort missioniert hatte, war Irland eine blühende Insel des Christentums geworden, eine Insel der Kirchen und Klöster. Von dort aus zogen die Missionare auf das benachbarte Festland aus, um den Menschen dort ebenfalls von Gott zu erzählen. So kam Oda nach Brabant in Belgien. Da Frauen zu jener Zeit nicht als Prediger und Missionare durch das Land ziehen konnten, lebte sie als Einsiedlerin in Frömmigkeit und Armut in einer kleinen Zelle. Sie wollte so den Menschen ein Beispiel geben und die Missionare mit ihrem Gebet unterstützen. Oda starb um das Jahr 726 und wurde nach ihrem Tod als Heilige verehrt. Der Ort ihrer Einsiedelei heißt heute nach seiner Patronin Saint Oden-Roew. Ihr Gedenktag ist der 27. November.

Von der heiligen **Oda von Metz** wissen wir nur, daß sie im 7. Jahrhundert gelebt hat. Sie war die Mutter des fränkischen Staatsmanns und späteren Bischofs von Metz Arnulf. Als Witwe stiftete sie mehrere Kirchen in der Diözese Lüttich und kümmerte sich besonders um die Armen. Sie starb vor dem Jahre 634. Ihr Gedenktag ist der 23. Oktober.

Die Namen Ute und Uta sind hochdeutsche Formen des altsächsischen Namens Oda. Oda bedeutet: Besitz, Reichtum, Wohlstand.

Verena

1. September
Vera

Die Heilige Verena wird ganz besonders in der Schweiz verehrt, wo sie auch gelebt hat. Die Legende erzählt, daß Verena als junge Frau mit christlichen Soldaten aus Ägypten über Mailand und Solothurn nach Zurzach gekommen ist. Das Heer trug den Namen Thebäische Legion. Das muß so etwa um 200 nach Christus gewesen sein. Verena, eine junge Christin, hatte ihre Eltern früh verloren und war deshalb mit den Soldaten gezogen. Ihr Onkel, ein Oberst dieser Legion, kümmerte sich um die junge Waise. Als das Heer in der Nähe des Alpenübergangs „Großer St. Bernhard" angekommen war, begann ein furchtbares Gemetzel mit römischen Soldaten. Der Kaiser hatte herausbekommen, daß die Legion aus lauter Christen bestand. Da ließ er alle Soldaten umbringen. Nur Verena überlebte.

Ganz allein wanderte die junge Frau weiter in Richtung Bern. Eine Weile soll sie als Einsiedlerin bei einer Schlucht in der Nähe von Solothurn gelebt haben, wo sie von einer frommen Bauersfrau mit Essen und Trinken versorgt wurde.

Später mußte sie weiterziehen und kam nach Zurzach. Hier wurde Verena Haushälterin des Ortsgeistlichen, dem sie zehn Jahre lang gewissenhaft den Haushalt führte und sich um Arme und Kranke in der Gegend kümmerte.

Doch die Sehnsucht nach der Einsamkeit wurde immer größer. Schließlich zog sie sich mit Zustimmung des Pfarrers wieder zurück in eine Klause und lebte dort noch elf Jahre lang als Einsiedlerin betend und fastend bis zu ihrem Tod. Verena starb um das Jahr 350 herum und liegt im Verena-Münster in Zurzach begraben. Ein Teil ihrer Reliquien wurde in den Stephansdom in Wien gebracht. Der Kurort Zurzach mit seinem Münster und einem Benediktinerkloster ist heute ein bekannter Wallfahrtsort.

Der Name Verena kommt aus dem Lateinischen und bedeutet: die Scheue, die Schamhafte.

Verena ist die Patronin der Schweiz, der Pfarrhaushälterinnen, der Armen und Notleidenden.

Wolfgang

31. Oktober
Ulf, Uwe, Wolf, Wulf, Gangolf

Wolfgang wurde um 924 in Schwaben geboren. Seine angesehenen, aber armen Eltern ließen ihn von einem Priester erziehen und ausbilden. Schon

mit zehn Jahren besuchte er eine Klosterschule auf der Insel Reichenau im Bodensee, später dann die Würzburger Domschule. Früh fiel der intelligente

Wolfgang seinen Lehrern auf, als ein Schüler mit einem ungewöhnlichen Gedächtnis.

Weitere Stationen seines Lebens: 965 wurde Wolfgang Lehrer an der Domschule in Trier. 965 trat er als Benediktinermönch in das strenge Kloster Einsiedeln in der Schweiz ein. Dort weihte ihn Bischof Ulrich aus Augsburg zum Priester. Auf Bitten von Bischof Ulrich ging Wolfgang 971 als Missionar zu den heidnischen Ungarn. Daher kommt übrigens auch sein Name. Die Heiden wurden als Wölfe bezeichnet. Wolfgang bedeutet also: Einer, der zu den Wölfen (Heiden) geht. Da der Missionar aber die Sprache der Ungarn nicht sprach, war er dort wenig erfolgreich.

Inzwischen hatte Bischof Pilgrim von Passau Wolfgang kennen- und schätzengelernt. Er schlug ihn als Bischof von Regensburg vor. Kaiser Otto II. war einverstanden und Wolfgang wurde zu Weihnachten 972 geweiht.

Das Bischofsamt war in jenen Zeiten auch mit viel weltlicher Macht verbunden. Das aber war nicht Wolfgangs Sache. Wolfgang, so ist überliefert, führte auch als Bischof ein strenges asketisches Leben, eben wie ein Benediktinermönch. So ermöglichte er 973 die Gründung des Bistums Prag, weil er auf alte Rechte und Besitz in Böhmen verzichtete. Wolfgang gilt als begnadeter Seelsorger seines Bistums, wo er sich besonders um die Klöster, um die Priesterausbildung und die Religiosität im Volk kümmerte. Doch stets sorgte er sich auch um die Armen und Kranken, die ihn schon zu Lebzeiten wie einen Heiligen verehrten.

Später zog sich Wolfgang nach Österreich zurück. Im Gebiet des Abersees, so wissen wir aus der Legende, wollte er eine Kirche bauen. Um den Standort zu bestimmen, warf der Bischof ein Beil. Wo Gott das Beil hinlenken würde, wollte er bauen. Mit eigenen Händen soll der Bischof ein Stück Wald gerodet haben. Die Wolfgangskirche am Wolfgangsee hat so ihren Standort gefunden.

Wolfgang starb auch in Österreich, am 31. Oktober 994 in Pupping bei Linz. Er wurde aber in einer feierlichen Prozession zurück in sein Bistum gebracht und in der Kirche St. Emmeran in Regensburg begraben. Am 7. Oktober 1052 hat ihn Papst Leo XI. heiliggesprochen.

Der Name Wolfgang kommt aus dem Altdeutschen und bedeutet: einer, der zu den Wölfen geht.

Wolfgang ist der Hauptpatron der Diözese Regensburg und Patron der Hirten, Schiffer und Holzarbeiter. Er wird bei verschiedenen Krankheiten angerufen wie Gicht, Lähmung, Schlaganfall, bei Fußleiden und Augenkrankheiten.

Wetterregel:
Sankt Wolfgang Regen
verspricht ein Jahr voll Segen.

Gut zu wissen!

Was ist eigentlich

– ein Atheist?
Wörtlich ist ein Atheist ein Gottloser, also jemand, der das Dasein Gottes oder eine göttliche Weltordnung leugnet.

– ein Diakon?
Ein Diakon übernimmt vielfältige Aufgaben in der Gemeinde. Er wirkt mit beim Gottesdienst, er predigt und tauft, er erteilt Unterricht und kümmert sich um Arme, Kranke und um Menschen in Not. Diakon ist das griechische Wort für Diener.

– eine Diözese?
Diözese ist ein anderes Wort für Bistum. Die Diözese kann man als Amtsbezirk eines Bischofs bezeichnen.

– die Christenverfolgung?
Als sich das Christentum in den ersten Jahrhunderten nach Christus immer mehr ausbreitete, fürchteten die Römer für ihr riesiges Reich. Denn sie verehrten ihren jeweiligen Kaiser als Gott. Die Christen weigerten sich natürlich, diese Götter der Römer anzuerkennen oder gar anzubeten. Damit machten sie sich verdächtig. Sie galten als nicht staatstreu und wurden deshalb von manchen Kaisern grausam verfolgt. Einer der schlimmsten unter den Christenhassern war der Kaiser Diokletian.

– ein Erzengel?
Als Erzengel werden die wichtigsten, vornehmsten Engel bezeichnet. In frühchristlicher Zeit waren das insgesamt sieben, heute hat man ihre Zahl auf vier beschränkt: Michael, Gabriel, Raphael, und Uriel.

– die Heilige Schrift?
Die Heilige Schrift ist die Grundurkunde unseres Glaubens. Sie wird auch Bibel genannt. Die Heilige Schrift besteht aus dem Alten und dem Neuen Testament. Im Alten Testament finden wir die Geschichte des Volkes Israel mit Gott. Es enthält 46 einzelne Schriften. Die Kirche hat das Alte Testament von den Juden übernommen. Die Evangelisten Matthäus, Markus, Lukas und Johannes haben Leben und Taten Jesu in den Schriften des Neuen Testaments festgehalten.

– ein Kirchenlehrer?
Als Kirchenlehrer bezeichnet man einen vom Papst oder Konzil ausgezeichneten heiligen Kirchenschriftsteller. Die von ihm aufgestellten Glaubenslehren besitzen besondere Beweiskraft. Zu den Kirchenlehrern gehören Albertus Magnus, Antonius von Padua, Robert Bellarmin und Bernhard von Clairvaux.

– eine Legende?
Das Wort Legende kommt vom lateinischen „legere" und bedeutet Lesen. Legenden sind Lebensgeschichten von Heiligen, die im klösterlichen Speisesaal, wenn die Mahlzeiten schweigend eingenommen wurden, vorgelesen wurden. Mit den Legenden ist es wie mit Märchen und Träumen. Sie können manchmal tiefer und wahrer vom Leben erzählen als wirkliche Geschichten. Ob alles, was uns in Legenden überliefert worden ist, genau so passiert ist, können wir heute nicht mehr feststellen. Vielleicht ist das auch nicht so wichtig.
Vielmehr schildert uns eine Legende einen Heiligen als Menschen mit seinen Talenten und Gaben, aber auch mit seinen Ängsten, Zweifeln und Schwächen, sodaß wir uns eher ein Bild von ihm machen können.

– ein Märtyrer?

In der Kirche werden von Anfang an vor allem Menschen als Heilige verehrt, die für Christus in den Tod gegangen sind. Wir nennen sie Märtyrer, das heißt Zeugen.

– ein Nothelfer?

Insgesamt gibt es unter den Heiligen 14 Nothelfer. Sie werden seit alter Zeit von den Christen besonders verehrt und von den Menschen in schweren und verzweifelten Situationen angerufen. Zu den Nothelfern gehören: Barbara, Nikolaus, Christophorus, Georg, Katharina v. Alexandrien, Margareta von Antiochien und andere Heilige, die heute als Namenspatrone nicht mehr so geläufig sind.

– ein Pharisäer?

Die Pharisäer waren eine Gruppe unter den Juden zur Zeit Christi, die sich immer wieder stolz auf eine gründliche Kenntnis der der Überlieferung berief und eine strenge Gesetzesauslegung forderte. Wörtlich heißt Pharisäer Abgeordneter.

– ein Philister?

Die Philister waren ein kriegerisches Volk, das sich im 12. Jahrhundert vor Christus in der Küstenebene Palästinas festsetzte. Der kleine David besiegte durch eine List den Philisterriesen Goliat.

– eine Reliquie?

Das Wort Reliquie kommt aus dem Lateinischen und bedeutet Überbleibsel. Reliquien sind die Überreste der Heiligen oder Dinge, die mit ihnen in Verbindung standen wie Kleider oder Marterwerkzeuge. Zum Beispiel werden Teile des Mantels vom Heiligen Martin als Reliquien verehrt.

– ein Sarkophag?

Ein Sarkophag ist ein besonders schönes Hochgrab aus Marmor, Glas, Gold oder anderen kostbaren Materialien. Oft sind solche Sarkophage, die man auch Schreine nennt, mit kunstvollen Schnitzereien verziert.
Die Gebeine und Reliquien von vielen Heiligen bettete man später häufig in Sarkophage. Sie werden meist heute noch darin verehrt.

– eine Synagoge?

Ursprünglich nannte sich die jüdische Gemeinde Synagoge, das heißt Versammlung. Später bezeichnete man mit Synagoge das Haus, in dem die jüdischen Gottesdienste gefeiert wurden.

– eine Wallfahrt?

„Wallen" ist ein altes deutsches Wort für gehen, wandern, pilgern. Menschen machen sich auf den Weg und wallfahren betend zu einem Grab, zu einer Kirche, zu einer Gedenkstätte.

Namensregister

Unsere Namenspatrone

Ich heiße:	Mein Namenspatron ist:	Das Fest feiern wir am:	Seite
Achim	Joachim	26. Juli	69
Adalbert	Albert	15. November	14
Adelheid	Adelheid	16. Dezember	13
Adele	Adelheid	16. Dezember	13
A(n)di	Andreas	30. November	16
Albert	Albert	15. November	14
Albert(in)a	Albert	15. November	14
Alex	Alexander	3. Mai	15
Alexa	Alexander	3. Mai	15
Alexander	Alexander	3. Mai	15
Alexandra	Alexander	3. Mai	15
Alice	Adelheid	16. Dezember	13
	Elisabeth	19. November	47
André	Andreas	30. November	16
Andrea	Andreas	30. November	16
Andreas	Andreas	30. November	16
Andy	Andreas	30. November	16
Angela	Angela	27. Januar	17
Angelika	Angela	27. Januar	17
Angelina/e	Angela	27. Januar	17
Anita	Anna	26. Juli	18
Anja	Anna	26. Juli	18
An(n)ika	Anna	26. Juli	18
Anke	Anna	26. Juli	18
Anna/e	Anna	26. Juli	18
Annegret	Anna	26. Juli	18
Anneliese	Anna	26. Juli	18
Annemarie	Anna	26. Juli	18
Annette	Anna	26. Juli	18
Antje	Anna	26. Juli	18
Anton	Antonius	13. Juni	19
Antonia/e	Antonius	13. Juni	19
Antonius	Antonius	13. Juni	19
Axel	Alexander	3. Mai	15
Babette	Barbara	4. Dezember	20
Barbara	Barbara	4. Dezember	20

Bärbel	Barbara	4. Dezember	20
Bastian	Sebastian	20. Januar	111
Beate	Beate	8. April	21
Beatrice	Beatrix	30. Juli	21
Beatrix	Beatrix	30. Juli	21
Bella	Elisabeth	19. November	47
Benedikt	Benedikt	11. Juli	23
Benjamin	Benjamin	31. März	25
Benni	Benedikt	11. Juli	23
Bernd/t	Bernhard	20. August	26
Bernhard	Bernhard	20. August	26
Bert	Bernhard	20. August	26
Bettina	Elisabeth	19. November	47
Betty	Elisabeth	19. November	47
Bianca	Blanka	1. Dezember	27
Birgit/ta	Birgitta v. Schweden	23. Juli	28
Birte	Birgitta v. Schweden	23. Juli	28
Björn	Bernhard	20. August	26
Blanca	Blanka	1. Dezember	27
Blanka	Blanka	1. Dezember	27
Bob	Robert	17. September	108
Brigitta	Brigitta v. Irland	1. Februar	28
Brigitte	Brigitta v. Irland	1. Februar	28
Britta	Brigitta v. Irland	1. Februar	28
Carel	Karl	4. November	77
Carla	Karl	4. November	77
Carlo	Karl	4. November	77
Carola	Karl	4. November	77
Carolin/a/e	Karl	4. November	77
Carsten	Christian	14. Mai	30
Charlotte	Karl	4. November	77
Chris	Christophorus	24. Juli	32
Christa	Christine	24. Juli	31
Christel	Christine	24. Juli	31
Christian	Christian	14. Mai	30
Christiana/e	Christian	14. Mai	30
Christin/a/e	Christine	24. Juli	31
Christoph/er	Christophorus	24. Juli	32
Claudia	Nikolaus	6. Dezember	99
Colin	Nikolaus	6. Dezember	99
Coletta/e	Nikolaus	6. Dezember	99
Conny	Cornelia	31. März	35
Cora	Cordula	22. Oktober	34
Cordula	Cordula	22. Oktober	34

Corinna	Cornelia	31. März	35
Cornelia	Cornelia	31. März	35
Dagmar	Dagmar	24. Mai	35
Daniel	Daniel	21. Juli	36
Daniela	Daniel	21. Juli	36
David	David	29. Dezember	38
Dean	Daniel	21. Juli	36
Den(n)is	Dionysius	9. Oktober	39
Denise	Dionysius	9. Oktober	39
Diana	Diana Andalò	10. Juni	39
Dieter	Dietrich	27. Januar	40
Dietmar	Dietmar	28. September	40
Dietrich	Dietrich	27. Januar	40
Dirk	Dietrich	27. Januar	40
Dominik	Dominikus	8. August	42
Dominika	Dominikus	8. August	42
Dominique	Dominikus	8. August	42
Dora	Dorothea	6. Februar	43
Doria	Dorothea	6. Februar	43
Doris	Dorothea	6. Februar	43
Dorle	Dorothea	6. Februar	43
Dorothea	Dorothea	6. Februar	43
Dorothee	Dorothea	6. Februar	43
Dorit	Dorothea	6. Februar	43
Dorthe	Dorothea	6. Februar	43
Edda	Edith Stein	9. August	45
	Edith von England	16. September	45
	Elisabeth	19. November	47
Edith	Edith Stein	9. August	45
	Edith von England	16. September	45
Elena	Helena	18. August	65
Elisabeth	Elisabeth	19. November	47
Elke	Elisabeth	19. November	47
Ella	Elisabeth	19. November	47
	Helena	18. August	65
Ellen	Helena	18. August	65
Elli	Elisabeth	19. November	47
Elsa/e	Elisabeth	19. November	47
Elsbeth	Elisabeth	19. November	47
Elvira	Eva	24. Dezember	50
Erich	Erich	10. Juli	49
Erik	Erich	10. Juli	49
Erika	Erich	10. Juli	49
Eveline	Eva	24. Dezember	50

Evelyne	Eva	24. Dezember	50
Evi	Eva	24. Dezember	50
Evita	Eva	24. Dezember	50
Fabian	Fabian	20. Januar	51
Fabiola	Fabian	20. Januar	51
Fanny	Franziska von Rom	9. März	58
Felic(z)itas	Felix von Zürich	11. September	52
	Felix von Cantalice	18. Mai	52
	Felix von Nola	14. Januar	52
Felix	Felix von Zürich	11. September	52
	Felix von Cantalice	18. Mai	52
	Felix von Nola	14. Januar	52
Florian	Florian	4. Mai	54
Frank	Franz von Assisi	4. Oktober	55
Fränzi	Franziska von Rom	9. März	58
Franz	Franz von Assisi	4. Oktober	55
Franziska	Franziska von Rom	9. März	58
Franziskus	Franz von Assisi	4. Oktober	55
Frauke	Eva	24. Dezember	50
Fred/dy	Friedrich	18. Juli	59
Frederik	Friedrich	18. Juli	59
Fridolin	Friedrich	18. Juli	59
Frieda	Friedrich	18. Juli	59
Friedel	Friedrich	18. Juli	59
Friederike	Friedrich	18. Juli	59
Friedhelm	Friedrich	18. Juli	59
Friedrich	Friedrich	18. Juli	59
Fritz	Friedrich	18. Juli	59
Gabi/y	Gabriel	29. September	60
Gabor	Gabriel	29. September	60
Gabriel	Gabriel	29. September	60
Gabriela/e	Gabriel	29. September	60
Gangolf	Wolfgang	31. Oktober	122
Georg	Georg	23. April	60
Georgia	Georg	23. April	60
Georgina/e	Georg	23. April	60
Gerd/t	Gerhard	24. September	62
Gerda	Gertrud	17. März	63
Gerhard	Gerhard	24. September	62
Gerold	Gerold	19. April	62
Gertraud	Gertrud	17. März	63
Gertrud	Gertrud	17. März	63
Gitta/e	Birgitta v. Schweden	23. Juli	28
	Brigitta v. Irland	1. Februar	28

Hajo	Heinrich	13. Juli	64
	Johannes der Täufer	24. Juni	72
Hanna/h	Anna	26. Juli	18
	Johanna v. Orléans	30. Mai	70
Hannelore	Johanna v. Orléans	30. Mai	70
Hans	Johannes der Täufer	24. Juni	72
Harry	Heinrich	13. Juli	64
Heidelinde	Adelheid	16. Dezember	13
Heidemarie	Adelheid	16. Dezember	13
Heidi	Adelheid	16. Dezember	13
Heidrun	Adelheid	16. Dezember	13
Heike	Heinrich	13. Juli	64
Heiko	Heinrich	13. Juli	64
Hein	Heinrich	13. Juli	64
Heiner	Heinrich	13. Juli	64
Heini	Heinrich	13. Juli	64
Heino	Heinrich	13. Juli	64
Heinz	Heinrich	13. Juli	64
Helen	Helena	18. August	65
Helena/e	Helena	18. August	65
Hella	Helena	18. August	65
Hendrik	Heinrich	13. Juli	64
Henny	Heinrich	13. Juli	64
Henning	Heinrich	13. Juli	64
Henry	Heinrich	13. Juli	64
Henrike	Heinrich	13. Juli	64
Henriette	Heinrich	13. Juli	64
Hinz	Heinrich	13. Juli	64
Holger	Holger	19. April	62
Ilka	Maria	12. September	86
Ilse	Elisabeth	19. November	47
Ilona	Helena	18. August	65
Inga	Ingeborg	30. Juli	66
Inge/borg	Ingeborg	30. Juli	66
Ingelore	Ingeborg	30. Juli	66
Inka	Ingeborg	30. Juli	66
Ingrid	Ingrid	2. September	66
Ira	Irene	20. Oktober	67
Iria	Irene	20. Oktober	67
Irene	Irene	20. Oktober	67
Irina	Irene	20. Oktober	67
Isabelle/a	Elisabeth	19. November	47
Ivo	Ivo	23. Dezember	68
Jakob	Jakobus	25. Juli	68

Jan	Johannes der Täufer	24. Juni	72
Jana	Johanna v. Orléans	30. Mai	70
Janina/e	Johanna v. Orléans	30. Mai	70
Jasmin/e	Maria	12. September	86
Jennifer	Johanna v. Orléans	30. Mai	70
Jenny	Johanna v. Orléans	30. Mai	70
Jens	Johannes der Täufer	24. Juni	72
Jessica	Johanna v. Orléans	30. Mai	70
Joachim	Joachim	26. Juli	69
Jochen	Joachim	26. Juli	69
Joe	Josef	19. März	74
Jörg	Georg	23. April	60
Jörn	Georg	23. April	60
Johann	Johannes der Täufer	24. Juni	72
Johanna	Johanna v. Orléans	30. Juni	70
Johannes	Johannes der Täufer	24. Juni	72
Josch(k)a	Josef	19. März	74
Josef	Josef	19. März	74
Josefa	Josef	19. März	74
Josefina/e	Josef	19. März	74
Josy	Josef	19. März	74
Jürgen	Georg	23. April	60
Julia	Julia von Korsika	22. Mai	76
	Julia Eustochium	28. September	76
	Julia Billiart	8. April	76
Julian	Julianus Maunoir	28. Januar	76
Juliane	Julia von Korsika	22. Mai	76
	Julia Eustochium	28. September	76
	Julia Billiart	8. April	76
Jupp	Josef	19. März	74
Käthe	Katharina v. Alexandrien	25. November	78
	Katharina v. Siena	29. April	78
Karen	Katharina v. Alexandrien	25. November	78
	Katharina v. Siena	29. April	78
Karin	Katharina v. Alexandrien	25. November	78
	Katharina v. Siena	29. April	78
Karl	Karl	4. November	77
Karla	Karl	4. November	77
Karola	Karl	4. November	77
Karolin/a/e	Karl	4. November	77
Karsten	Christian	14. Mai	30
Kat(h)rin	Katharina v. Alexandrien	25. November	78
	Katharina v. Siena	29. April	78
Katja	Katharina v. Alexandrien	25. November	78

Katja	Katharina v. Siena	29. April	78
Katharina	Katharina v. Alexandrien	25. November	78
	Katharina v. Siena	29. April	78
Kerstin	Christine	24. Juli	31
Kevin	Kevin	6. Juni	79
Kirsten	Christine	24. Juli	31
Kitty	Christine	24. Juli	31
Klaudia	Nikolaus	6. Dezember	99
Klaus	Nikolaus	6. Dezember	99
	Klaus von der Flüe	25. September	99
Kristin	Christine	24. Juli	31
Kora	Cordula	22. Oktober	34
Kordula	Cordula	22. Oktober	34
Konny	Cornelia	31. März	35
Korinna	Cornelia	31. März	35
Kornelia	Cornelia	31. März	35
Lars	Laurentius	10. August	80
Laura	Laurentius	10. August	80
Lasse	Laurentius	10. August	80
Laurentius	Laurentius	10. August	80
Laurenz	Laurentius	10. August	80
Laila	Elisabeth	19. November	47
Lea	Elisabeth	19. November	47
	Helena	18. August	65
Leila	Elisabeth	19. November	47
Lena	(Maria) Magdalena	22. Juli	82
	Helena	18. August	65
Lia	Elisabeth	19. November	47
Liane	Julia von Korsika	22. Mai	76
	Julia Eustochium	28. September	76
	Julia Billiart	8. April	76
Li(e)selotte	Elisabeth	19. Novmeber	47
Lilly	Elisabeth	19. November	47
Lisa	Elisabeth	19. November	47
Lissy	Elisabeth	19. November	47
Lizzy	Elisabeth	19. November	47
Lorenz	Laurentius	10. August	80
Lukas	Lukas	18. Oktober	81
Luise	Elisabeth	19. November	47
Magda/lena/e	(Maria) Magdalena	22. Juli	82
Maike	Maria	12. September	86
Maja	Maria	12. September	86
Manuel	Emanuel	1. Oktober	83
Manuela	Emanuela Theresia	9. Oktober	83

Marc	Markus	25. April	88
Marcel	Marcellus	16. Januar	84
Marco	Markus	25. April	88
Mareike	Maria	12. September	86
Margaret(h)a/e	Margareta	20. Juli	84
Margit	Margareta	20. Juli	84
Margot	Margareta	20. Juli	84
Margret	Margareta	20. Juli	84
Margrit	Margareta	20. Juli	84
Maria	Maria Namen	12. September	86
Maria	Mariä Geburt	8. September	86
	Mariä Empfängnis	8. Dezember	86
Marianne	Maria	12. September	86
Mariella	Maria	12. September	86
Marietta	Maria	12. September	86
Marika	Maria	12. September	86
Marina	Margareta	20. Juli	84
Marion	Maria	12. September	86
Mari(t)ta	Maria	12. September	86
	Margareta	20. Juli	84
Marlene	(Maria) Magdalena	22. Juli	82
	Maria	12. September	86
Mark	Markus	25. April	88
Markus	Markus	25. April	88
Marlies	Maria	12. September	86
Martin	Martin	11. November	91
Martina	Martin	11. November	91
	Martina	30. Januar	91
Mat(t)hias	Matthias	24. Februar	93
Max	Maximilian	12. Oktober	94
Maximilian	Maximilian	12. Oktober	94
Mecht(h)ild	Mechthild	15. August	94
Meike	Maria	12. September	86
Melanie	Melanie	31. Dezember	96
Mia	Maria	12. September	86
Michael	Michael	29. September	96
Michaela	Michaela	29. September	96
Miriam	Maria	12. September	86
Mirjam	Maria	12. September	86
Monika	Monika	27. August	98
Nadine/a	Anna	26. Juli	18
Nancy	Anna	26. Juli	18
Natalia/e	Natalie v. Nikodemien	1. Dezember	99
	Natalie v. Córdoba	27. Juli	99

Natascha	Natalie v. Nikodemien	1. Dezember	99
	Natalie v. Córdoba	27. Juli	99
Nathalie	Natalie v. Nikodemien	1. Dezember	99
	Natalie v. Córdoba	27. Juli	99
Nele	Cornelia	31. März	35
Nelly	Cornelia	31. März	35
Nick/i	Dominikus	8. August	42
	Nikolaus	6. Dezember	99
Nicole	Nikolaus	6. Dezember	99
Nicoletta	Nikolaus	6. Dezember	99
Niko	Nikolaus	6. Dezember	99
Nikola	Nikolaus	6. Dezember	99
Nikolaus	Nikolaus	6. Dezember	99
Ni(e)ls	Nikolaus	6. Dezember	99
Nina	Christine	24. Juli	31
	Katharina	25. November	78
Oda	Oda von Belgien	27. November	121
	Oda von Metz	23. Oktober	121
Odette	Oda von Belgien	27. November	121
	Oda von Metz	23. Oktober	121
Oliver	Oliver	11. Juli	102
Olivia	Oliver	11. Juli	102
Pascal	Paschalis	14. Mai	102
	Paschalis Bayton	17. Mai	102
Patricia	Patrick	17. März	104
Patrick	Patrick	17. März	104
Peter	Petrus	29. Juni	105
Petra	Petrus	29. Juni	105
Petrus	Petrus	29. Juni	105
Philipp	Philippus	3. Mai	107
Philippine	Philippus	3. Mai	107
Philippus	Philippus	3. Mai	107
Pit	Petrus	29. Juni	105
Rita	Brigitta v. Irland	1. Februar	28
	Birgitta v. Schweden	23. Juli	28
	Margareta	20. Juli	84
Robby	Robert	17. September	108
Robert	Robert	17. September	108
Roberta	Robert	17. September	108
Robin	Robert	17. September	108
Romy	Rosa von Viterbo	4. September	109
	Rosa von Lima	23. August	109
Rosa	Rosa von Viterbo	4. September	109
	Rosa von Lima	23. August	109

Rosalia/e	Rosa von Viterbo	4. September	109
	Rosa von Lima	23. August	109
Rosalinde	Rosa von Viterbo	4. September	109
	Rosa von Lima	23. August	109
Rosamunde	Rosa von Viterbo	4. September	109
	Rosa von Lima	23. August	109
Rosana	Rosa von Viterbo	4. September	109
	Rosa von Lima	23. August	109
Rosemarie	Rosa von Viterbo	4. September	109
	Rosa von Lima	23. August	109
Rosetta	Rosa von Viterbo	4. September	109
	Rosa von Lima	23. August	109
Rosi/na	Rosa von Viterbo	4. September	109
	Rosa von Lima	23. August	109
Rosita	Rosa von Viterbo	4. September	109
	Rosa von Lima	23. August	109
Rupert	Robert	17. September	108
Sabina	Sabina	29. August	110
Sabine	Sabina	29. August	110
Sabrina	Sabina	29. August	110
Sandra	Alexander	3. Mai	15
Sandro	Alexander	3. Mai	15
Sanne	Susanne	11. August	114
Sara/h	Sarah	9. Oktober	111
Sascha	Alexander	3. Mai	15
Sebastian	Sebastian	20. Januar	111
Sepp	Josef	19. März	74
Simon	Simon	28. Oktober	112
Simone	Simon	28. Oktober	112
Sina	Rosa von Viterbo	4. September	109
	Rosa von Lima	23. August	109
Sofia/e	Sophia	15. Mai	112
Sonja	Sophia	15. Mai	112
Sophia/e	Sophia	15. Mai	112
Stefan	Stephanus	26. Dezember	113
Stefanie	Stephanus	26. Dezember	113
Steffen	Stephanus	26. Dezember	113
Steffi	Stephanus	26. Dezember	113
Stephan	Stephanus	26. Dezember	113
Susanna/e	Susanna	11. August	114
Susi	Susanna	11. August	114
Suitbert	Suitbert	4. September	114
Sven	Suitbert	4. September	114
Svenja	Suitbert	4. September	114

Tanja	Tatiana	12. Januar	115
Tatjana	Tatiana	12. Januar	115
Teresa	Theresia v. Avila	15. Oktober	116
Thea	Dorothea	6. Februar	43
	Theresia v. Avila	15. Oktober	116
	Theresia v. Lisieux	1. Okotber	116
Theo/dor	Theodor	9. November	116
Theodora	Theodor	9. November	116
Therese/ia	Theresia v. Avila	15. Oktober	116
	Theresia v. Lisieux	1. Oktober	116
Thilo	Dietrich	27. Januar	40
	Dietmar	28. September	40
Thomas	Thomas	3. Juli	118
T(h)orsten	Theodor	9. November	116
Till	Dietrich	27. Januar	40
Tim/o	Dietmar	28. September	40
Tina	Christine	24. Juli	31
	Katharina	25. November	78
Tobias	Tobias	13. September	118
Tom(as)	Thomas	3. Juli	118
Toni	Antonius	13. Juni	19
Trixi	Beatrix	30. Juli	21
Udo	Ulrich	4. Juli	119
Ulf	Wolfgang	31. Oktober	122
Ulla	Ursula	21. Oktober	120
Ul(l)i	Ulrich	4. Juli	119
Ulrich	Ulrich	4. Juli	119
Ulrike	Ulrich	4. Juli	119
Urs	Ursula	21. Oktober	120
Ursel	Ursula	21. Oktober	120
Ursula	Ursula	21. Oktober	120
Uschi	Ursula	21. Oktober	120
Uta/e	Oda von Belgien	27. November	121
	Oda von Metz	23. Oktober	121
Uwe	Ulrich	4. Juli	119
	Wolfgang	31. Oktober	122
Vanessa	Maria	12. September	86
Vera	Verena	1. September	122
Verena	Verena	1. September	122
Wolfgang	Wolfgang	31. Oktober	122
Wulf	Wolfgang	31. Oktober	122
Yves	Ivo	23. Dezember	68
Yvo	Ivo	23. Dezember	68
Yvonne	Ivo	23. Dezember	68